गहराइयां

हफ़ीज़-ए-मेरठी का कलाम

सम्पादक : शाहिद-ए-चौधरी

रिजेन्सी पब्लिकेशन्स
नई दिल्ली

ISBN 81-86030-82-4

प्रकाशक : रिजेन्सी पब्लिकेशन्स

मुद्रक : रेडियेण्ट प्रिंटर्स, 20/36-G, पुरानी मार्किट, वेस्ट पटेल नगर,
नई दिल्ली 110008, दूरभाष: 5712539, 5740038,
फोन फैक्स: 5783571.

जाने कितने हंगामों की इसमें समाई होती है
सन्नाटे की गहराई भी क्या गहराई होती है

— हफ़ीज़ मेरठी

चांद का किरदार अपनाया है हमने दोस्तो!
दाग़ अपने पास रक्खे, रौशनी बांटा किए

— हफ़ीज़ मेरठी

टी.एन.एस.
दुनिया के लिए त्रिलोकीनाथ श्रीवास्तव
उन्हीं की यादों को समर्पित है

गहराइयां

— शाहिद-ए-चौधरी

फ़हरिस्त

गहराइयां जो महसूस कीं

1975 की बात है। मुल्क में एमरजेंसी लगी। तमाम बुनियादी अधिकार स्थगित कर दिये गये थे। अभिव्यक्ति पर भी पांबदी थी। लेकिन जिसका स्वाभाव ही गुलामी के ख़िलाफ हो वह ऐसे माहौल में क्या करता है? विद्रोह करता है। हर अड़चन के विरूद्ध। बिना अंजाम की परवाह किये। हफ़ीज़ मेरठी ऐसे ही व्यक्ति हैं। अपनी बात पद्य में कहते हैं। इसलिए बिला-ख़ौफ़ कहाः

तस्लीम उसे कोई भी दिल से नहीं करता
वो फ़ैसला जो जबर की तलवार करे है

नतीजतन हफ़ीज़ डी आई आर के तहत बंद कर दिये गये। तीन माह बाद ज़मानत हुई, मजिस्ट्रेट को जेल में लगी अदालत में ग़ज़ल सुनाने के बाद। एमरजेंसी जारी थी। दोस्त लोगों ने मशवरा दिया–"जेल से बचे रहने के लिएं एमरजेंसी के समर्थन में शेर कहो।" जवाब में हफ़ीज़ बोलेः

मुझे य' मशवरा ख़ुशहाल लोग देते हैं
ज़मीर बेच दे अपना ख़ुदी का सौदा कर
हफ़ीज़ को भी है ताइदे-ज़ुल्म की ताकीद
य'लोग शम्ए' से कहते हैं तू अंधेरा कर

हफ़ीज़ जब जेल में थे तो उनके एक मात्र पुत्र का निधन हो गया था। लेकिन व्यक्तिगत त्रासदी और जेल की सलाखें उनकी हिम्मत तोड़ने के लिए काफी न थीं। वे एमरजेंसी में हो रहे ज़ुल्मों के ख़िलाफ निरंतर संघर्ष करते रहे। उसके विरूद्ध आवाज़ उठाते रहे। हर संभव मंच से। खुले आम। बिना डरे। सरकारी पिट्ठुओं से भरे टाऊन हाल (मेरठ) के

मुशायरे में उन्होंने पढ़ाः

> आज कुछ ऐसा तय पाया है हक़ के इजारादारों में
> हम पर जो ईमान न लाएं चिनवा दो दीवारों में
> इक जाबिर का मजबूरों ने ऐसे इस्तक़बाल किया
> आ निकला हो कोई मसीहा जैसे दर्द के मारों में
> सूरज को दो देस निकाला दिन का क़िस्सा पाक करो
> बनते हैं ऐसे मंसूबे रात के रिश्तेदारों में
> हर ज़ालिम से टक्कर ली है सच्चे फ़नकारों ने *हफ़ीज़*
> हम वो नहीं जो डर कर कह दें हम है ताबेदारों में

ग़ज़ल अच्छी है। दाद भी अच्छी मिली। सरकार ने हफ़ीज़ को मीसा में बंद कर दिया। ऐसे 'ख़तरनाक शायर' का खुले रहना कांग्रेस की सेहत के लिए मुनासिब न था।

यहां यह प्रश्न स्वाभाविक है कि हफ़ीज़ की इस हिम्मत का स्त्रोत क्या है? इस्लामी तालीमात और उनमें हफ़ीज़ का पुख़्ता यक़ीन। ग़ौरतलब है कि आख़री पैग़म्बर मुहम्मद ने फ़रमाया था, "ज़ालिम हुक्मरां (सत्ताधारी) के सामने हक़ बात कहना अफ़ज़ल (उच्चकोटि) जिहाद है।" एमरजेंसी के दौरान हफ़ीज़ इसी हुक्म पर अमल कर रहे थे।

दरअसल हफ़ीज़ की शायरी को कुरआन से अलग हटकर देखना बहुत बड़ी भूल होगी। उनके ज़्यादातर शेरों की ज़ड़ें कुरआनी आयतों में होती हैं। यहां जगह के अभाव में सबका उल्लेख सम्भव नहीं है। बतौर नमुना दो मिसालें पेश हैं:

एक, इस्लाम का अर्थ है ऐसी व्यवस्था क़ायम करना जिसमें व्यक्ति की अपने आप से शांति हो, अपने साथी लोगों के साथ शांति हो, समाज के साथ शांति हो और वातावरण के साथ शांति हो। लेकिन अगर कोई इस शांति को भंग करता है या शांति स्थापना के प्रयास में अड़चन डालता है तो उसके विरूद्ध जिहाद (संघर्ष) की भी इजाज़त है। कुरआन का हुक्म है कि आप बुराई का बदला अच्छाई से दो तो फिर आप देख लोगे कि आप में और जिसमें दुश्मनी थी वह ऐसा हो जायेगा जैसे वह हार्दिक मित्र है। (41:34)। दूसरी जगह पर मोमिन उन लोगों को कहा गया है जो बुराई का बदला अच्छाई से देते हैं। (28:54)। लेकिन

आप की इस स्थिति का दुश्मन अनुचित लाभ उठाये तो कुरआन बल प्रयोग की भी आज्ञा देता है। इस संदर्भ में हफ़ीज़ के निम्न शेर देखिए–

बावक़ार रहने को, बरक़ार रहने को
जंग भी ज़रूरी है सुलह भी मुनासिब है
हल हुए हैं मसअले शबनम मिज़ाजी से मगर
गुत्थियां ऐसी भी हैं कुछ जिनको सुलझाती है आग

दूसरा यह कि कुरआन के अनुसार अल्लाह अतुलनीय है। ख़ासकर इसलिए क्योंकि आदमी सपने में भी अल्लाह की कल्पना नहीं कर सकता। (6:103)। इस सिलसिले में हफ़ीज़ कहते हैं–

जब य' तय है क' बेमिसाल है वो
फिर य' तशबीहो-इस्तिारा क्या
उसकी दुनिया अल्लाहू अकबर
जाने वो ख़ुद कैसा होगा

इसी सदी के महान चिन्तक और कवि डा. मुहम्मद इकबाल ने कहा था कि इस्लाम न आशावाद है और न निराशावाद। वह ऐसा सिद्धांत है जिसके तहत संसार मनुष्य द्वारा उन्नति प्राप्त कर सकता है। इंसान अपनी कोशिशों द्वारा इस दुनिया को रहने के लिए बेहतर बना सकता है। इसलिए आदमी के जीवन का उद्देश्य जहां का निर्माण होना चाहिए। बक़ौल हफ़ीज़–

हेच हैं मेरी नज़र में आशियानो-गुलस्तिां
आदमी हूं अज़्म-ए-तामीरे-जहां रखता हूं मैं

लेकिन निर्माण के लिए दृढ़ निश्चिय यूं ही नहीं आ जाता। उसके लिए सकारात्मक व्यक्तित्व का विकास करना होता है। इंसान के व्यक्तित्व का भी और समाज के व्यक्तित्व का भी। कुरआन में मुख्य रूप से तीन प्रकार के व्यक्तित्व का उल्लेख किया गया है। पहले व्यक्तित्व वाला वह व्यक्ति होता है जो अच्छे बुरे में फर्क़ नहीं करता। जिसे यह नहीं मालूम कि नैतिक क्या है? अनैतिक क्या? और जो हक़ और बातिल में भेद नहीं कर सकता। उस व्यक्ति के लिए इस दुनिया में भी अंधेरा

है और बाद की दुनिया में भी। उसके दिल, दिमाग़ और सीने पर 'मुहर' लगी है। उसको कितना भी समझा लो उसकी समझ में नहीं आने का। हफ़ीज़ ने कहा–

बेज़मीरों को बताने जाएं क्या
वो न समझेंगे, उन्हें समझाएं क्या

दूसरे व्यक्तित्व वाला वह व्यक्ति होता है जो हक़ और बातिल की अच्छाई और बुराई से वाक़िफ होता है। उसके व्यक्तित्व को सकारात्मक दिशा देना संभव होता है, कठिन होने के बावजूद। बक़ौल हफ़ीज़–

मुश्किल तो है य' काम, मगर काम यही है
इस दौर के इंसान को इंसान बनाएं
शानो-शौकत के लिए तू है परेशान *हफ़ीज़*
और मेरी य' तमन्ना तिरा किरदार बने

हफ़ीज़ के अनुसार व्यक्तित्व निर्माण के लिए सबसे पहले आदमी में इच्छाओं का होना बहुत ज़रूरी है। क्योंकि–

एक सूनापन रहेगा आरज़ुओं के बग़ैर
हज़रते-दिल ! शहरे-बेबाज़ार हो जाएंगे आप

फिर उसको यह मालूम होना चाहिए कि नैतिकता क्या है। यह मुश्किल सवाल है। नैतिक मूल्य वक्त और जगह के हिसाब से बदलते रहते हैं। महाभारत के युग में एक स्त्री कई पति एक साथ रख सकती थी। उस समय यह नैतिक था। आज नहीं है। हालैंड और कई अन्य मुल्कों में समलैंगिक शादियां वैध हैं। भारत में अवैध। तो फिर यह तय कौन करेगा कि नैतिकता है क्या? इसका जवाब है–'वही' यानी दैविक संदेश। 'वही' अपनी पूर्णता और सही सूरत में अब केवल कुरआन में सुरक्षित है। दूसरे शब्दों में यह बात कुरआन से साबित होगी कि नैतिक क्या और अनैतिक क्या? हफ़ीज़ के शब्दों में–

इन अहले-इल्म-ओ-दानिश के, नाकिस हैं सारे मंसूबे
इंसां को बनाने वाला ही, इन्सां के मसाइल जाने है

दरअसल अल्लाह पर ईमान लाने का अर्थ है कि उसने जो अपने पैग़म्बारों के ज़रिये संदेश दिया है उस पर अमल करना। इसलिए व्यक्तित्व निर्माण में कर्म महत्वपूर्ण हो जाता है। कर्म नहीं है तो कुछ भी नहीं। क्योंकि हफ़ीज़ के अनुसार–

हर सहारा बेअमल के वास्ते बेकार है
आंख ही खोले न जब कोई उजाला क्या करे

और कर्मशील व्यक्ति राह हमवार होने की प्रतिक्षा नहीं करता। वह रास्ते की रूकावटें स्वंय हटाने में सक्षम होता है। बिना आलसी हुए। आलसपन व्यक्तित्व निर्माण में बाधा होता है। वह व्यक्ति को कमज़ोर कर देता है:

हो गए लोग अपाहिज यही कहते-कहते
अभी चलते हैं ज़रा राह तो हमवार बने

आलसपन के अतिरिक्त कुछ और चीज़े भी हैं जो व्यक्तित्व निर्माण में रुकावटें उत्पन्न करती हैं। उनसे बचना या उन पर क़ाबू पाना आवश्यक है। इनमें प्रमुख हैं–

हवस

हवस नहीं है तो सब कुछ है मेरे पास *हफ़ीज़*
ग़रीब-ख़ाना भी जन्नत निशां सा लगता है

एहसान

ख़ाली हाथ आ गया मैं लौटके उल्टे पांव
उसने एहसान जताया जो अता से पहले
कैसी ही मुसीबत हो बड़े शौक़ से आए
कमज़र्फ़ के एहसान से अल्लाह बचाए
यूं ही मत कर लीजिए एहसान के तौहफ़े क़बूल
जाने किस एहसान के बदले में क्या मांगे कोई

घमंड

अपनी हस्ती प' न' इतराए कोई कोहे-ग़रूर
वक़्त ने फेंक दिए ऐसे उठाकर कितने
मिरी जबीं प' उभरने लगे नक़ूशे-ग़रूर
मिरे संवारने वाले मुझे तबाह न कर

बुज़दिली

बुज़दिलों में ढूंढते हो क्यों हमीयत का जलाल
मुद्दतें गुज़रीं उन्हें इस आग को ठंडा किए
लेके नामे-ख़ुदा जान पर खेलजा
बुज़दिलों में न जा मशवरों के लिए
सिमटे बैठे हो क्यों बुज़दिलों की तरह
आओ मैदान में ग़ाज़ियों की तरह

गुलामी

बदतर है मौत से भी ग़ुलामी की ज़िन्दगी
मर जाइयो मगर य' गवारा न कीजियो

सहारा

जब सहारों ने ताने दिए
हमने बैसाखियां फेंक दीं
य' लग़ज़िशें ही संभलना तुझे सिखा देंगी
क़दम-क़दम प' सहारों का मुंह न देखा कर

बेहिसी

मैं ग़म ग़लत न करूंगा शराब से साक़ी
ख़ता मुआफ़ मुझे बेहिसी पसंद नहीं

ख़ाक सरगर्मी दिखाएं बेहिसी के शह्र में
बर्फ़ के माहौल में रहकर ठिठर जाती है आग

कुरआन के अनुसार ज़ालिम जितना ही गुनहगार होता है ज़ुल्म बर्दाश्त करने वाला। कुरआन में 'सब्र' बर्दाश्त करने के अर्थों में इस्तेमाल नहीं हुआ। साबिर यानी सब्र करने वाला वह होता है जो मज़बूती से अल्लाह द्वारा बताये गये रास्ते पर क़ायम रहता है। इसलिए वह न खुद ज़ुल्म करता है और न स्वंय बर्दाश्त करता है। वह न ख़ुद ग़ुलामी में रहता है और न दूसरों को गुलामी में रखता है।

दबके रहना हमें नहीं मंज़ूर
ज़ालिमो जाओ अपना काम करो
अब तो य' ठानी है हमने ज़ालिम को ललकारेंगे
ख़ामोशी से ज़ुल्म सहे तो ज़ुल्म किये दुनिया ने और

इसके अलावा व्यक्तित्व निर्माण में खुद्दारी और आत्मसम्मान का होना भी बहुत ज़रूरी है।

छोड़कर दामाने-ख़ुद्दारी *हफ़ीज़*
अपनी नज़रों से भी हम गिर जाएं क्या
मिट गया बाग़ से नामूसे-खुदी की ख़ातिर
गुल कहां रहता जो हमरंगे-ख़िज़ां हो जाता

यहां यह बताना आवश्यक है कि हफ़ीज़ ख़ालिस दर्स नहीं देते। वे जिन बातों को जीवन के लिए ज़रूरी समझते हैं उन्हें स्वयं भी जीते हैं। हफ़ीज़ का जन्म दस जनवरी 1922 को मेरठ में हुआ था। ढाई साल के थे तो वालिदा का निधन हो गया। नाना-नानी ने पाला। कुछ बड़े हुए तो नाना बीमार रहने लगे। घर की ज़िम्मदारी हफ़ीज़ के जवान कंधों पर आ पड़ी। कलेक्ट्रेट में नौकरी कर ली। उन्हीं दिनों साहित्य की मासिक पत्रिका *मअ'यार* के सम्पादक हो गये। *मअ'यार* के कालमों में प्रगतिशील साहित्य को लेकर बहस छिड़ी। उससे सरकारी ख़ुफिया विभाग ने ग़लत निष्कर्ष निकाले। हफ़ीज़ ने नौकरी छोड़ दी मगर ख़ुद्दारी का दामन नहीं छोड़ा। एमरजेंसी में उन्हें सलाखों के पीछे धकेल दिया गया। लेकिन उन्होंने ख़ुद्दारी का दामन नहीं छोड़ा। इकलौते पुत्र का

निधन हो गया। जेल में रहने के कारण लाश देखनी भी नसीब न हुई। लेकिन उन्होंने ख़ुद्दारी का दामन नहीं छोड़ा। पत्नी का क़त्ल हो गया। लेकिन उन्होंने ख़ुद्दारी का दामन नहीं छोड़ा। स्वंय बीमार रहने लगे। किराये का बोसीदा मकान और जर-जर हो गया। आर्थिक तंगियों ने बहुत चीजों को पहुंच से बाहर कर दिया। बात छिपी न रह सकी। अख़बारों की सुर्ख़ी बन गयी। सरकार से लेकर निजी संगठनों में इमदाद करने का कीड़ा जागा। लेकिन जो हफ़ीज़ फ़क़ीर को भी मेहनत और काम करने का सुझाव देता है वह खुद ख़ुद्दारी का दामन कैसे छोड़ता? उसने नहीं छोड़ा। हालांकि,

हम ज़रूरत और अना की कशमकश देखा किए
भीक ठुकराया किए, दामन भी फैलाया किए

बहरहाल, हफ़ीज़ ख़ुद्दारी को घमंड की हदों से दूर रखने के क़ायल हैं। वे चाहते हैं कि ख़ुद्दारी सही मायने में ख़ुद्दारी हो। उस पर घमंड का गुमान नहीं होना चाहिए।

य' न हो इस प' तकब्बुर का गुमां होने लगे
देखना य' भी है इज़हारे-अना से पहले

ख़ुद्दारी के साथ-साथ व्यक्तित्व निर्माण के लिए हिम्मत भी बहुत ज़रूरी है। सच बात कहने की हिम्मत। सच के साथ जीने की हिम्मत। सच की ख़ातिर कठिनाइयां उठाने की हिम्मत। सच के लिए अपने आपको मिटाने की हिम्मत। सच के लिए जुल्म को ललकारने की हिम्मत।

जान हथेली पर रख ले
कहनी है गर सच्ची बात
फ़र्ज़ बुलाता हो तो कैसी राहत ओ'र किसका आराम
मैदानों की राह में हाइल हो जाते हैं बिस्तर क्यों
हक़ की राहों में कहां राहतो-आराम *हफ़ीज़*
हम अगर ठोकरें खाते हैं तो हैरत क्या है
जो चाहते हो क' तारीख़ ताबनाक बने
मिला दो ख़ाक में अपनी जवानियां लोगो
बातिल के इकत'दार प' चीं-बर-जबीं नहीं

हक़ के सिपाहियों की तन आसान ज़िंदगी
मरदाने-हक़परस्त को हर करबला क़ुबूल
पेचीदा मसअ'ला हो तो कुछ ग़ौर भी करें
जवान मेरी हिम्मतें, बुलंद मेरे हौसले
हिसार तोड़ता रहा, कमन्द डालता रहा
ज़ुल्म के बेकार सब हथियार हो जाएंगे आप
जिस घड़ी फ़रियाद से ललकार हो जाएंगे आप

लेकिन इस क़िस्म की हिम्मत उसी शख़्स में आती है जो दृढ़-निश्चिय वाला होता है।

राह रोकेंगे दश्तो-दरिया क्या
अज़्म के सामने हिमाला क्या
उसी की राह में आंखें बिछाएगी मंज़िल
वो अज़्म जो नहीं मोहताजे-हिम्मत अफ़ज़ाई

वियक्तित्व निर्माण में अन्य आवश्यक चीज़ें हैं–

हमदर्दी

कुछ नहीं है, नहीं जो हमदर्दी
हम निवाला व हम प्याला क्या
हमदर्दी से ग़मख़्वारी से जिसका दामन ख़ाली हो
सीमो-ज़र की उस दुनिया पर इक ठोकर दीवाने और

विश्वास की सीधी राह

अन्देशों की उलझन में पड़ते ही नहीं हम लोग *हफ़ीज़*
सीधी सच्ची राह यक़ीं की वह्म के ताने-बाने और

खुलूस

असर हुआ तो य' तक़रीर का कमाल नहीं
मिरा ख़ुलूस मुख़ातिब था मैं कहां बोला

यथास्थिति का विरोध

मुझको तूफ़ान से लड़ने में मज़ा आता है
वरना बह जाते हैं सैलाब के रुख़ पर कितने

समता

कुछ ओक से पीते हैं तो कुछ जाम बकफ़ हैं
साक़ी तिरी महफ़िल में मसावात नहीं है
इसमें अपने पराये को क्या देखना
तुम बरसते चलो बादलों की तरह
हम थे रिन्दों के भी ग़मख़्वार *हफ़ीज़*
य' अलग बात क' मयख़्वार न थे
कभी ऐसी भी रुत लाएगी फितरत बाग़े-आलम में
क' जब जिस शाख़ पर चाहा बसेरा कर लिया मैंने
ज़िन्दा रहिए, दूसरों को ज़िन्दा रहने दीजिए
ए *हफ़ीज़* इस तरह जीने का चलन अच्छा लगा

ख़ैर-ख़्वाही

ख़ैर–ख़्वाही के जज़्बात रखिए *हफ़ीज़*
दोस्तों के लिए, दुश्मनों के लिए
अच्छी है यही सोच *हफ़ीज़* अपनी नज़र में
दुनिया से डरें और न दुनिया को डराएं

किरदारसाज़ी

बात मंसब से न दौलत से बनी
क्योंकि हम साहिबे किरदार न थे
तक़रीर से मुमकिन है न तहरीर से मुमकिन
वो काम जो इन्सान का किरदार करे है

यहां यह ध्यान रखना आवश्यक है कि अच्छे समाजों का विकास भी इन्हीं विशिष्टताओं को अपनाने से होता है। बहरहाल, इस तरह जब एक व्यक्ति अपने व्यक्तित्व का निर्माण कर लेता है तो कुरआन उसे 'संतुष्ट व्यक्तित्व' (Integrated Personality) कहता है। यही कुरआन द्वारा परिभाषित व्यक्तित्व की तीसरी क़िस्म है। कुरआन के मुताबिक युनिवर्स स्थिर (static) नहीं है। वह एवर-ग्रोइंग फ़िनामिनन् है। इसलिए क़यामत के बाद संतुष्ट व्यक्तित्व में भी स्थिरता नहीं आयेगी। उसका इनाम होगा उच्च जीवन और नई संभावनाएं और उन संभावनाओं को यथार्थ (Actualize) करना। ताकि और उच्च जीवन प्राप्त हो।

बहुत इससे ऊंची है परवाज़ मेरी
मैं हरगिज़ नहीं बन्दा-ए-आबो-दाना
ज़िन्दगी को बड़ी उम्मीदें हैं मुस्तक़बिल से
वो सितारों प' भी गुज़रेगी जो ग़ारों में कटी
साहिल अगर नसीब भी हो जाए ए *हफ़ीज़*
तूफ़ां से भूलकर भी किनारा न कीजियो

तो यह है इन्सान के जीवन का मक़सद। इसे हासिल करने के लिए या न करने के लिए वह स्वतंत्र है। दीन में जबर नहीं है। इसलिए कोई चीज़ पहले से निश्चित (Predestined) नहीं है। इंसान अगर कोशिश करे तो संभावनाओं के अनगिनत द्वार खुले हुए हैं। हफ़ीज़ ने कहा—

राज़िक़ पर करते हैं भरोसा और न अपनी कोशिश पर
ख़ुशहाली को ढूंढ रहे हैं जो ख़ाली गहवारों में
मक़दूर अगर दवा का नहीं है दुआ ही कर
क़िस्मत का आसरा तो कोई आसरा नहीं

कुरआन के अनुसार जो कुछ ज़मीन और आसमानों के बीच में है वह अल्लाह ने इन्सानों को अर्पित कर दिया है। अब यह इन्सान पर है कि वह उस पर नियंत्रण हासिल करके मानव-जाति की भलाई के लिए प्रयोग करे। लेकिन इन्सान के इस मिशन में मुख्यरूप से चार ऐसे तत्व हैं जो न सिर्फ बाधा उत्पन्न करते हैं बल्कि ग़लत दिशा भी देने का

प्रयास करते हैं। इनमें एक है मिस्टिसिज़्म् या सूफ़ी मत। कुरआन में है कि ख़ानकाहियत के जीवन के लिए दुनिया को त्यागना लोगों ने स्वयं अविष्कार किया। अल्लाह ने उनके लिए यह राह नहीं चुनी थी।

न ले चल ख़ानकाहों की तरफ शैख़े-हरम मुझको
मुजाहिद का तो मुस्तक़बिल है मैदानों से वाबस्ता

दूसरा है पूंजीवाद। हालांकि इस्लाम में निजी सम्पत्ति की इजाज़त है। लेकिन उसकी आर्थिक व्यवस्था किसी को अपनी ज़रूरत और इस्तेमाल से ज़्यादा रखने की आज्ञा नहीं देती। जो कुछ भी 'सरप्लस' में है उसे ज़रूरतमंदों मे देना आवश्यक है ताकि समाज में आर्थिक समता आ सके। हफ़ीज़ के अनुसार–

दौलत ने हमसे हाथ मिलाया तो है मगर
इस दुश्मने-क़रार से क्या दोस्ती करें
सुकूं में दर्द के पहलू तलाश करते हैं
हम ऐसे लोग जो आसूदगी पसन्द नहीं
टली है सर से नहूसत ख़ुदा-ख़ुदा करके
य' दौरे-ऐशो-फरावां अज़ाब जैसा था
ज़र-परस्तों का तो इक खेल है किरदार कुशी
वास्ता इनसे ज़रा सोच समझकर रखना
नाज़बरदारी न कीजे अहले-दौलत की *हफ़ीज़*
रफ़्ता-रफ़्ता हाशिया-बरदार हो जाएंगे आप

तीसरा है पुरोहितवाद या मुल्लावाद। अबू लहब मक्का के पुरोहितों का सरगना था। यह लोग अवाम में गुमराही और अन्धविश्वास फैलाते थे। उन्हें सही रास्ते पर जाने से रोकते थे ताकि उनकी लूट-खसोट का धन्धा बन्द न हो। इनका विरोध करने के लिए कुरआन ने अबु लहब के सिम्बल में पुरोहितवाद को ख़तम करने का आदेश दिया है। लेकिन पुरोहितवाद ने एक बार शिकस्त खाने के बाद फिर अपना सिर उठा लिया है। वह फिर अन्धविश्वास फैला रहा है–

लीजिए मिल गई बेचारे ग़रीबों को दवा
पढ़के इक शख़्स ने कुछ फूंक दिया पानी पर

वह फिर इन्सान की सोच पर क़ाबिज़ है–

देखने देते नहीं, कुछ सोचने देते नहीं
वो जो बैठे हैं निगाहो-फ़िक्र पर क़ब्ज़ा किए

वह फिर धोखे दे रहा है, साजिशें कर रहा है–

शैख़ साहब तुम्हारी भी अच्छी कटी
ख़ूब सजदे किए, ख़ूब धोके दिए
कैसे अल्लाह वाले हैं य' ए ख़ुदा
गुफ्तगू, मशवरे, साज़िशों की तरह

वह फिर उसको रोक रहा है जो सही बात का प्रचार करना चाहता है–

सरबकफ़ हम जो बढ़े दीन की नुसरत को *हफ़ीज़*
कुफ़्र का फ़तवा लगा शैख़े–हरम के हाथों

वह फिर सत्ता–सुख के लालच में गुमराही फैला रहा है–

हूरो–जन्नत की तमन्ना नहीं करता अब शैख़
जबसे देखा है क' आग़ोशे-हुकूमत क्या है
उस दुश्मने-इंमां ने किया शैख़ प' जादू
काफ़िर जो कहे है वही दींदार करे है
ऐसा भी इनक़लाब क्या, शैख़ तुम्हे य' क्या हुआ
रुख़ तो है सूए-बुतकदा, पुश्त है जानिबे-हरम

और अंतिम है ग़लत राजनीतिक व्यवस्था और उसके ज़रिये अवाम का शोषण करते सियासी लीडर। हफ़ीज़ के अनुसार जो व्यवस्था दैविक संदेशों पर आधारित नहीं है उसमें रहनुमा जो भी रास्ता, ग़लत या सही, जिस वक़्त उनके लिए फ़ायदेमंद होता है उसका इस्तेमाल करते है।

भाषण फिसाद के कभी तक़रीर अम्न की
जादूगरों को याद हैं मंत्र अलग-अलग
अम्न ही के देवताओं के इशारों पर *हफ़ीज़*
जंग की देवी खुले शहरों प' बरसाती है आग

ऐसे दो-मुंह वाले जो सरकार गठित करते हैं वह न अवाम की बात सुनती है और न उसे हल करती है। साथ ही वह प्रगति की राह में खुद रुकावट बन जाती है।

सच है ऊंचा सुनती हैं ए *हफ़ीज़* सरकारें
कुछ ख़बर नहीं उनको जिनसे तू मुख़ातिब है
राह रोके हुए ख़ुद राहनुमा बैठे हैं
अब कोई क़ाफ़ला गुज़रे तो किधर से गुज़रे

इसलिए ऐसे हुक्मरानों और हुकूमत की पैरवी नहीं करनी चाहिए। और जो करता है वह भी विश्वसनीय नहीं है।

उन रहबराने-क़ौम की क्या पैरवी करें
जो रहबरी के नाम प' सौदागरी करें
लाख इल्म वाला हो, लाख फ़ज़ल वाला हो
मोतबर नहीं है, जो शाह का मुसाहिब है

बहरहाल, हफ़ीज़ की शायरी का एक और मुख्य पहलू इश्क़ है। वे बहुत अच्छे प्रेम-कवि हैं। उनके अनुसार,

मुहब्बत ख़ामशी भी, चीख़ भी, नग़्मा भी, नारा भी
य' इक मज़मून है कितने ही उनवानों से वाबस्ता

और जब संबंधों में मुहब्बत नहीं रहती तो केवल हवस रह जाती है।

हवस के रहमो-करम पर ख़ुदा ने छोड़ दिया
जब आदमी ने मुहब्बत से बेवफ़ाई की

इस आधार पर यह निष्कर्ष सहज ही निकाला जा सकता है कि हफ़ीज़ आध्यात्मिक प्रेम में विश्वास रखते हैं।

रंग आंखों के लिए, बू है दिमाग़ों के लिए
फूल को हाथ लगाने की ज़रूरत क्या है
सरूर एक झलक का तमाम उम्र रहा
हवस-परस्त थे जो बार-बार देखते थे

कभी-कभी हमें दुनिया हसीन लगती थी
कभी-कभी तिरी आंखों में प्यार देखते थे

इसलिए हफ़ीज़ के यहां इश्क़ की शुरूआत प्रेयसी की विशेषताओं के एप्रीसिएशन (गुणों के मूल्यांकन) से होती है।

बाद की बातें हैं सब नाज़ो-अदा, हुस्नो-जमाल
वास्ता मुझको पड़ा उसकी हया से पहले
नक़ाबे-हुस्न को जलवों से मुख़्तलिफ़ न समझ
नज़र को दीद की राहें इसी से मिलती हैं
वो जो धुंधलाए हुए नक़्श थे उम्मीदों के
हो गए एक तबस्सुम से उजागर कितने
क्यों बार-बार देखते हैं आप आइना
क्या शक है आपको मिरे ज़ौके-जमाल पर
मौजा-ए-मय से तराशा हुआ अंदाज़े-ख़िराम
आप चलते हैं क' चलती है सबा पानी पर
उनके जाने का मंज़र तमाशा नहीं
दूर तक देखिए, देर तक सोचिए
ख़्याले-यार तेरी निगहदाश्त इस तरह हुई
दिमाग़ थक के सो गया तो दिल संभालता रहा

लेकिन आध्यात्मिक प्रेम की भी अपनी सीमाएं होती हैं। एक बार सआदत हसन मंटो पहुंचे इस्मत चुग़ताई के पास। और उन्हें एक पहाड़ी लड़की की सुन्दरता के बारे में बताने लगे। जब उस लड़की की आंख, नाक, गले, चाल, आवाज़ आदि के बारे में सुनते-सुनते इस्मत को बहुत देर हो गयी तो वे बोलीं, "मंटो, यहां तक तो शायरी हुई। आगे बताओ तुमने क्या किया?" मंटो ने जवाब दिया, "आपा, आप मुझे क्या समझती हैं। मैं भला एक मासूम लड़की की ज़िन्दगी ख़राब करता।" इस्मत ने कहा, "हटो मंटो, तुमको तो यह भी नहीं मालूम कि एक औरत चाहती क्या है?" इसलिए प्रेम अगर ख़ालिस अध्यात्मिक है तो वह नाराज़गी की वजह भी बन जाता है, बिना कुछ कहे-सुनेः

इस क़दर मुझसे बरहम वो क्यों हो गए
आख़िर ऐसा उन्हें मैंने क्या कह दिया

तभी हफ़ीज़ मिलन को प्रेम का तार्किक निष्कर्ष समझते हैं।

उनकी जबीने-नाज़ प' जिससे शिकन पड़े
पाबंदियां हैं आज हर ऐसे ख़्याल पर
सबा ने लम्स का मरहम जो ज़ख़्मे-गुल प' रखा
तिरी तरफ़ तिरे सीना-फ़िगार देखते थे
कहीं मसली हुई कलियां, कहीं रौंदे हुए गुन्चे
बहुत सी दास्तानें हैं शबिस्तानों से वाबस्ता

लेकिन वह प्रेम अमर नहीं होता जिसमें जुदाई, ग़म और ख़ुद्दारी न हो।

रन्जे-फुरक़त है मुहब्बत का मुक़द्दर ए *हफ़ीज़*
इसमें राधा क्या करे इसमें कन्हैया क्या करे
ख़ाम अब भी नहीं है इश्क़ मगर
चोट खाले तो पुख़्तातर हो जाए
यूं तो हर आंसू है मेरी आंख का तारा *हफ़ीज़*
जो ग़मे-जाना ने बख़्शा आबरू-ए-दीदा है
तिरे ग़म ने तपाकर रख दिया है
मुझे कुन्दन बनाकर रख दिया है
य' ताल्लुक़ की ख़राशें भी मज़ा देती हैं
रूठ जाए कोई तुमसे तो मनाया न करो
य' फ़लसफ़ा भी है और दिल का फ़ैसला भी है
सुपुर्दगी ही नहीं, इश्क़ में अना भी है
कहने सुनने से ज़ियादा बात बढ़ जाएगी और
मुख़्तसर य' है क' वो हमवार हो जांएगे आप

ख़ासकर इसलिए क्योंकि इश्क़ में जुदाई के बाद भी कोई भूलता नहीं है। यादें हमेशा दिल के दरवाज़े पर दस्तक देती रहते हैं। और फिर,

क़हर-आलूद थे माहौल के तेवर कितने
मारके फिर भी मुहब्बत ने किए सर कितने

साहित्य अपने दौर का आईना होता है। हफ़ीज़ की शायरी पर सरसरी निगाह डालने भर से इस बात की सत्यता का अंदाज़ा हो जाता है। हफ़ीज़ ने अपने इर्द-गिर्द हो रही घटनाओं को महसूस किया है, उन्हें लफ़्ज़ दिए हैं, उन्हें आवाज़ दी है।

जो महसूस किया कह बैठे सीधे-सादे लफ़्ज़ों में
हम दीवाने क्या जानें क्या शय दानाई होती है

निम्न शेरों के संदर्भ में पृष्ठभूमि की आवश्यकता नहीं। जिस समाज में हम जी रहे हैं, यह उसी की तस्वीर हैं।

ख़ून इस दौरे-गरानी में बहुत सस्ता है
रात फिर गांव में इक क़त्ल हुआ पानी पर
क्या बुरा वक़्त है मुफ़लिसों के लिए
ख़ून बेचा गया रोटियों के लिए
वो ज़िन्दगी की ज़मानत तो दे रहा है मगर
मिरी शनाख़्त को किस्तों में क़त्ल कर देगा
इस बदनसीब शहर में चलते हैं आदमी
इक दूसरे के साये से बचकर अलग-अलग

दरअसल हफ़ीज़ का जीवन और काव्य अलग-अलग नहीं हैं। उनकी तबीयत है जीवन की सच्चाई को शेरों के ज़रिये बयान करना। इसलिए उनकी शायरी से उच्च मानव मूल्यों को बढ़ावा मिलता है। इससे उनकी शायरी उद्देश्यपूर्ण और स्तरीय हो जाती है। हालांकि वे आधुनिक एबस्ट्रेक्ट शैली का प्रयोग अपने काव्य में नहीं करते लेकिन उनकी शायरी को परम्परागत या क्लासिकल कहना भी ग़लत होगा। उन्होंने एक अलग क़िस्म का लहजा कामयाबी के साथ विकसित किया है। यह बात उनकी तन्ज़िया शायरी (Satirical Poetry) से बख़ूबी उजागर हो जाती है।

इस अजनबी से सवाले-करम करूं न करूं
य' देखने में तो कुछ महरबां सा लगता है
मैं उसको देखके घबरा रहा हूं महफ़िल में
वो आदमी जो मिरा राज़दां सा लगता है

जब बह्स छिड़ गई तो वो ख़ामोश हो गया
उसका तमाम इल्म तो अल्मारियों में था
उसको पकड़ो उसको मारो जिसने जगाया है इसको
य' फुटपाथ प' सोने वाला रहने को घर मांगे है
मेरे दुश्मन के वार को रोको
मुझ प' एहसान कर न जाए कहीं
मुहं फेर लें हमदर्द तो एहसान करेंगे
ग़म और बढ़ा देते हैं ग़मख़्वार के आंसू
समझ के, सोच के हमको ख़ुशामदेद कहो
हमारे साथ मसाइल का क़ाफ़ला भी है

हफ़ीज़ की शायरी में तन्ज़ उस वक़्त और भी कटु सत्य हो जाता है जब वे मुहावरे के प्रचलित प्रयोग को भी एक नई दिशा देने का प्रयास करते हैं। मसलन, 'उतने पैर फैलाओ जितनी चादर है' पर हफ़ीज़ कहते हैं–

साबिर शाकिर तो हूं लेकिन य' भी कह उठता हूं कभी
कब तक पांव समेटे रक्खूं, बढ़ नहीं जाती चादर क्यों

या 'दुखती रगों पर हाथ रखना' का इस्तेमाल हफ़ीज़ के यहां इस तरह होता है–

ए परसतारराने-नग़्मा! छोड़कर तारे-रबाब
आज कुछ दुखती रगों पर उंगलियां रखता हूं मैं

हफ़ीज़ अपनी बात कहने के लिए अधिक शब्दों का प्रयोग नहीं करते। शेरों में भर्ती का लफ़्ज़ नहीं होता। उतने ही शब्द होते है जितनों की ज़रूरत होती है। और अपनी इस कोशिश में वे अकसर लीक से हटे शब्दों या लोकगीतों के शब्दों का प्रयोग करते हैं। इससे उनके शेरों का हुस्न और निखर जाता है।

जैसा कुछ बर्बाद किया है तुमने तुम तो जानो हो
एहले-सितम फिर हाल हमारा पुछो-हो छिंदरा कर क्यों

साथ ही हफ़ीज़ के काव्य की एक महत्वपूर्ण ख़ूबी यह भी है वे इतिहास और लिजंड का सहारा लेकर वर्तमान की बातों को कहने का सफल प्रयास करते है।

तब जमेंगे क़दम जज़ीरे में
जब जला दोगे कश्तियां लोगो
बेअसा अपनी कलीमी है तो हो
वक़्त के फिरओन से डर जांए क्या
झील में डूब गया जान से बेज़ार बदन
तैरता रह गया मिट्टी का घड़ा पानी पर

हफ़ीज़ और उनकी शायरी के बारे में बहुत कुछ लिखा जा चुका है, लिखा जा रहा है और लिखा जायेगा। लेकिन अफसोस की बात है कि इस महान शायर को सरकार की तरफ़ से जेल तो मिली लेकिन वह सम्मान नहीं जिसके वे हक़दार हैं। जिन लोगों ने हफ़ीज़ को क़रीब से देखा है वे जानते है कि हफ़ीज़ महान शायर ही नहीं महान व्यक्ति भी है। वैसे इस बात का अंदाज़ा इस काव्य संकलन में दी गयी ग़ज़लों से भी हो जायेगा।

बहरहाल, इस किताब में उर्दू के मीटर को ख़्याल में रखते हुए *क',* *य', प', तिरी, मिरी,* आदि का प्रयोग किया गया है। उन्हें आप क्रमशः *कि, ये, पे, तेरी, मेरी,* आदि समझें। साथ ही अर्थ सिर्फ उन शब्दों के ही दिये गए हैं जिनके बारे में आम पाठक को ध्यान में रखते हुए ज़रूरत महसूस की गयी।

यहां यह बताने की शायद आवश्यकता नहीं कि अगर श्री अरूण के. वर्मा, रिजेन्सी पब्लिकेशंस, नई दिल्ली, का सहयोग और प्रेरणा न होती तो यह दीवान आपके हाथों में न होता। अल्लाह उन्हें इसका अज्र (इनाम) अता फरमाए। आमीन।

शाहिद-ए-चौधरी
मेरठ। 22 जून 1998

पी कर चैन अगर आया भी, कितनी देर को आएगा
नश्शा इक आवारा पंछी चहकेगा उड़ जाएगा

मंज़र[1] की तकमील[2] न होगी तन्हा मुझसे फ़नकारो!
दुख के गीत तो मैं गा दूंगा, आंसू कौन बहाएगा

एक सख़ी[3] को अपना समझकर अर्ज़े-हाल[4] की ठानी है
बैरी दिल कहता है 'पगले कासा भी छिन जाएगा'

मेरा समन्दर पार सफ़र पर जाना एक क़यामत है
जैसे हर चेहरे प' लिखा हो 'मेरे लिए क्या लाएगा?'

जाते-जाते पूछ रहा है अम्न के रखवालों से *हफ़ीज़*
क्यों जी क्या हम लोगों से मेरठ ख़ाली हो जाएगा।

1. दृश्य
2. पूर्णता
3. दानवीर
4. वस्तुस्थिति कहना

कभी क़फ़स[1] सा, कभी आशियां सा लगता है
य' मेरा घर मुझे हिन्दोस्तां सा लगता है

इस अजनबी से सवाले-करम करूं न करूं
य' देखने में तो कुछ महरबां सा लगता है

कभी य' ठोस हक़ीक़त की शक्ल में होगा
हमारा ख़्वाब अभी तो धुआं सा लगता है

मैं उसको देख के घबरा रहा हूं महफिल में
वो आदमी जो मिरा राज़दां[2] सा लगता है

हवस नहीं है तो सब कुछ है मेरे पास *हफ़ीज़*
ग़रीब-ख़ाना भी जन्नत निशां[3] सा लगता है

1. कैद
2. राज़ जानने वाला
3. स्वर्ग जैसा

चाहते हैं क' मैं मर जाऊं क़ज़ा[1] से पहले
मेरे ग़मख़्वार[2] जो देते थे दिलासे पहले

ख़ाली हाथ आ गया मैं लौटके उल्टे पांव
उसने एहसान जताया जो अता[3] से पहले

य' न हो इस प' तकब्बुर[4] का गुमां होने लगे
देखना य' भी है इज़हारे-अना[5] से पहले

बाद की बातें हैं सब नाज़ो-अदा, हुस्नो-जमाल[6]
वास्ता मुझको पड़ा उसकी हया[7] से पहले

तज्र'बा य' भी करें आप किसी रोज़ *हफ़ीज़*
एतराफ़[8] अपने गुनाहओं का दुआ से पहले

1. मौत
2. ढाढस देने वाले
3. देने
4. घमंड, अंहकार
5. खुद्दारी के इज़हार
6. सुन्दरता
7. लज्जा
8. कबूल

हम ज़रूरत ओ'र अना[1] की कशमकश देखा किए
भीक ठुकराया किए, दामन भी फैलाया किए

देखने देते नहीं, कुछ सोचने देते नहीं
वो जो बैठे हैं निगाहो-फ़िक्र[2] पर क़ब्ज़ा किए

य' न सुनना य' न पढ़ना य' न बन जाना कहीं
शौक़ के दरवाज़े इन पाबन्दियों ने वा[3] किए

बुज़दिलों में ढूंढते हो क्यों हमीयत का जलाल[4]
मुद्दतें गुज़रीं उन्हें इस आग को ठंडा किए

चांद का किरदार अपनाया है हमने दोस्तो!
दाग़ अपने पास रक्खे, रौशनी बांटा किए

1. खुद्दारी
2. सोच और दूर दृष्टि
3. खोले
4. उत्सुकता का जोश

अजीब लोग हैं क्या ख़ूब मुन्सफ़ी[1] की है
हमारे क़त्ल को कहते हैं ख़ुदकुशी की है

कहीं चमन में नई पौध को जगह न मिले
य' सोच अस्ल में एहसासे-कमतरी की है

इसी लहू में तुम्हारा सफ़ीना[2] डूबेगा
य' क़त्ले-आम नहीं तुमने ख़ुदकुशी की है

हमारी क़द्र करो चौदहवीं के चांद हैं हम
ख़ुद अपने दाग़ दिखाने को रौशनी की है

उदासियों को *हफ़ीज़* आप अपने घर रक्खें
क' अंजुमन को ज़रूरत शगुफ़्तगी[3] की है

1. न्याय
2. कश्ती
3. ख़ुशी, हरियाली, कोमलता

नुक्ताचीं[1] अच्छा लगा है तानाज़न[2] अच्छा लगा
वो निराला बूत हू जिसको बुत-शिकन अच्छा लगा

कर-रो-फ़र[3] की ज़िन्दगी पर मौत को तरजीह[4] दी
मुझको दरबारी कबाओं[5] से कफ़न अच्छा लगा

शायरी इक दर्द भी है दर्द का पैग़ाम भी
य तड़पने और तड़पाने का फ़न अच्छा लगा

पैरहन[6] की मैंने जब तारीफ की, कहने लगे
हम तुम्हें अच्छे लगे या पैरहन अच्छा लगा

ज़िन्दा रहिए, दूसरों को ज़िन्दा रहने दीजिए
ए *हफ़ीज़* इस तरह जीने का चलन अच्छा लगा

1. आलोचक
2. फिकरे कसने वाला
3. ठाट-बाट
4. वरीयता
5. गाऊनों
6. लिबास

तमाम रात आंसुओं से ग़म उजालता रहा
मैं ग़म उजाल–उजाल कर खुशी में ढालता रहा

जवान मेरी हिम्मतें, बलंद मेरे हौसले
हिसार[1] तोड़ता रहा, कमन्द डालता रहा

बहुत ही तलख़[2] तज्र'बा तुम्हारी बज़्म में हुआ
हर आदमी मिरी अना[3] के बल निकालता रहा

तिरे ख़िलाफ़ इसलिए मिरी ज़बां न खुल सकी
मैं अपनी ख़ामियों प' भी निगाह डालता रहा

हफ़ीज़ क्या सुनाऊं अपनी ख़्वाहिशों की दास्तां
पिला-पिला के दूध कितने सांप पालता रहा

1. घेराबंदी
2. कड़वा
3. खुद्दारी

दुश्मन को क्यों कहूं क' मिरे क़ातिलों में था
ख़ुद मेरा हाथ ही मिरी बरबादियों में था

तेरा गुमां हुआ न किसी और पर कभी
आहंग[1] एक ख़ास तिरी दस्तकों में था

जब बह्स छिड़ गई तो वो ख़ामोश हो गया
उसका तमाम इल्म तो अल्मारियों में था

फिर सतह पर ठहरते भी क्यों अहले-जुस्तजू[2]
जब गौहरे-मुराद[3] ही गहराइयों में था

रोते हैं अहले-फ़िक्रो-नज़र[4] क्यों *हफ़ीज़* को
दानिशवरों[5] में था न वो नुक्त'रसों[6] में था

1. संगीत
2. तलाश करने वाले
3. इच्छाओं का मोती
4. चिंतक, विचारक
5. बुद्धिजीवियों
6. आलोचकों

दिल में बसा था मेरे जो दारो-रसन[1] का हुस्न
उलझा सका न ज़ुल्फ़े-शिकन दर शिकन का हुस्न

आलूदगी[2] ने छीन ली पानी की आबो-ताब
सनअत[3] की नज़्र हो गया गंगो-जमन क़ा हुस्न

ख़ुदग़र्ज़ियों की आग यहां तक पहुंच गई
अहले-वतन की ज़द प' है अब खुद वतन का हुस्न

तासीर[4] नाप तोल से आगे की बात है
पैमाइशें बता न सकेंगी सुख़न[5] का हुस्न

तुझसे तो कुछ ग़रज़ नहीं, हां देखते हैं हम
कूचे[6] में तेरे बैठ के अपनी थकन का हुस्न

1. फांसी के तख़्ते
2. मिलावट
3. उद्योग
4. असर, प्रभाव
5. शायरी
6. गली

महशर[1] में कांपते हैं सितमगर अलग-अलग
जाना है पेशे-दावरे-महशर[2] अलग-अलग

भाषण फिसाद के कभी तक़रीर अम्न की
जादूगरों को याद हैं मंत्र अलग-अलग

यलग़ार एक होके मुझी पर करेंगे सब
ख़ेमे अलग-अलग सही, लशकर अलग-अलग

इस बदनसीब शहर में चलते हैं आदमी
इक दूसरे के साये से बचकर अलग-अलग

मिल बैठने की बात करें कैसे ए *हफ़ीज़*
नाराज़ दोस्तों के हैं तेवर अलग-अलग

1. प्रलय के दिन
2. खुदा के सामने

जितनी शम्एं थीं सब बुझ गईं
रौशनी दे चिराग़-ए-यक़ीं[1]

तेरे दामन से नादिम[2] हूं मैं
मेरी आंखों में आंसू नहीं

जब सहारों ने ताने दिए
हमने बैसाखियां फेंक दीं

तज्र'बों से भी कुछ सीखते
आपने बस किताबें पढ़ीं

जब कहा मैंने मैं भी हूं कुछ
ख़ामियां मुझ प' हंसने लगीं

1. यकीन के चिराग
2. शर्मिन्दा

क्या बुरा वक़्त है मुफ़लिसों[1] के लिए
ख़ून बेचा गया रोटियों के लिए

ले के नामे-ख़ुदा जान पर खेल जा
बुज़दिलों में न जा मशवरों के लिए

पगड़ियों की हमें अब ज़रूरत नहीं
हम कफ़न चाहते हैं सरों के लिए

महफिलों के लिए तो बहुत हैं मगर
शम्एं मिलती नहीं अब घरों के लिए

ख़ैर-ख़्वाही[2] के जज़्बात रखिए *हफ़ीज़*
दोस्तों के लिए, दुश्मनों के लिए

1. ग़रीबों
2. भलाई चाहना

अहबाब[1] से कह दो ज़रा दामन कों बचाएं
मैं डूब रहा हूं मिरे नज़दीक न आएं

क्या अब भी मिरे दर्द का दरमां[2] नही होगा
अल्लाह मिरे हाल प' रोती हैं दुआएं

मुश्किल तो है य' काम, मगर काम यही है
इस दौर के इंसान को इंसान बनाएं

आना ही था आ ही गया य' मरहला[3] आख़िर
परवा न करें जान की ईमान बचाएं

अच्छी है यही सोच *हफ़ीज़* अपनी नज़र में
दुनिया से डरें और न दुनिया को डराएं

1. दोस्तों
2. इलाज
3. मुकाम

राह रोकेंगे दश्तो-दरिया[1] क्या
अज़्म[2] के सामने हिमाला क्या

उसकी तौफ़ीक़[3] ही से है सब कुछ
वरना मैं क्या मिरा इरादा क्या

बूंद भर में निहाल हो जांऊ
तुम नवाज़ो तो कम ज़्यादा क्या

कुछ नहीं है, नहीं जो हमदर्दी
हमनिवाला व हमप्याला क्या

य' नया आलमी-निज़ाम[4] *हफ़ीज़*
क्या समझते थे और निकला क्या

1. रेगिस्तान और नदी
2. दृढ़ इरादे
3. दिशा–निर्देश, मदद
4. दुनिया की व्यवस्था

बेहिस[1] दुनिया को हैरत है मेरी बेचैनी पर क्यों
अब य' कौन बताये सांसें बन जाती हैं नश्तर क्यों

जैसा कुछ बर्बाद किया है तुमने तुम तो जानो हो
एहले-सितम फिर हाल हमारा पूछो हो छिंदरा कर क्यों

जितने हक़-ग़ुफ़्तार[2] थे कब के हक़ की ख़ातिर क़त्ल हुए
ए ग़ैरत मौजूद है अब तक दोश[3] प' य' मेरा सर क्यों

साबिर[4] शाकिर[5] तो हूं लेकिन य' भी कह उठता हूं कभी
कब तक पांव समेटे रक्खूं बढ़ नहीं जाती चादर क्यों

वो तो मेरा माज़ी[6] था ओ'र य' है मेरा हाल *हफ़ीज़*
ऐसे दिलकश पसमंज़र[7] का इतना भयानक मंजर क्यों

1. भावना रहित
2. हक़ बात कहने वाले
3. कंधों
4. सब्र करने वाला
5. शुक्र करने वाला
6. अतीत
7. पृष्ठभूमि

आप जो सज़ा भी दें ठीक है मुनासिब[1] है
हां मैं एक बाग़ी हूं मेरा क़त्ल वाजिब[2] है

बावक़ार[3] रहने को, बरक़रार रहने को
जंग भी ज़रूरी है सुलह भी मुनासिब है

लाख इल्म वाला हो, लाख फ़ज़ल[4] वाला हो
मोतबर[5] नहीं है, जो शाह का मुसाहिब[6] है

मेरी ही कमी है जो उसको मेरे रिश्ते का
एतराफ़[7] है लेकिन एहतराम[8] ग़ायिब है

सच है ऊंचा सुनती हैं ए *हफ़ीज़* सरकारें
कुछ ख़बर नहीं उनको जिनसे तू मुख़ातिब[9] है

1. उचित
2. आवश्यक
3. इज़्ज़त के साथ
4. गुण, सदाचार, सामर्थ्य
5. विश्वास करने योग्य
6. दरबारी
7. स्वीकार
8. इज़्ज़त
9. वार्ता में

ख़ौफ़ से जब सन्नाटा होगा
मेरी ज़बां पर नारा होगा

क्यों सुनते हो चीख़ किसी की
होगा कोई दुखियारा होगा

ऐसा कुछ लगता तो नहीं है
क्या य' सच है सवेरा होगा

कोई कारी[1] ज़र्ब[2] लगाये
यूं य' दौर न' सीधा होगा

किसको यक़ीं[3] आयेगा यारो
ग़ालिब बेउस्तादा[4] होगा

1. प्रभावकारी
2. चोट
3. विश्वास
4. बिना उस्ताद के

हर एक चीज़ है मज़हर[1] तिरी ख़ुदाई की
मिरे ख़ुदा कोई हद भी है ख़ुदनुमाई की

दवा से पहले शिफ़ा[2] का सरूर[3] आयेगा
ज़रा हवा तो चले दर्द-आशनाई[4] की

करम से हाथ जो अहले-करम[5] ने खींच लिया
हमारे साथ बुराई नहीं भलाई की

नहीं तो कौन यहां सुन रहा था मेरी बात
जुनूं से मसलहतन[6] मैंने आशनाई की

हफ़ीज़ आपकी ख़ातिर हुआ है य' ऐलान
क' मैकदे में इजाज़त है पारसाई की

1. आकृति, ज़ाहिर
2. इलाज, आराम
3. नशा
4. दर्द से प्रेम, परिचय
5. कृतज्ञ करने वाले
6. अच्छी रणनीति के तहत

आये ही जाते हैं लेकर जानों के नज़राने और
मर जाने से कम नहीं होते बढ़ते हैं परवाने और

अब तो य' ठानी है हमने ज़ालिम को ललकारेंगे
ख़ामोशी से जुल्म सहे तो जुल्म किये दुनिया ने और

हमदर्दी से ग़मख़्वारी[1] से जिसका दामन ख़ाली हो
सीमो-ज़र[2] की उस दुनिया पर इक ठोकर दीवाने और

ऊपर वाले को भूले हैं इल्मो-हुनर पर फूले हैं
जैसे-जैसे अक़्ल बढ़ेगी बहकेंगे फरज़ाने[3] और

अन्देशों की उलझन में पड़ते ही नहीं हम लोग *हफ़ीज़*
सीधी सच्ची राह यक़ीं की वह्म के ताने-बाने और

1. ढाढस देने
2. सोने-चांदी
3. बुद्धिजीवी

देश का नेता वोट की भिक्षा भाषण देकर मांगे है
यानी हमारे क़त्ल को ज़ालिम हमसे ही ख़न्जर मांगे है

उसको पकड़ो उसको मारो जिसने जगाया है इसको
य' फुटपाथ प' सोने वाला रहने को घर मांगे है

पहले तो बर्बाद करे है बम बरसाकर शहरों को
तामीरों[1] के ठेके भी फिर हमलाआवर मांगे है

मजबूरी ओ'र पेशावरी की य' ज़िन्दा तस्वीरें हैं
इक चुप है दामन फैलाये इक चिल्लाकर मांगे है

कंजूसी मूज़ी[2] की फितरत और हवस शेवा उसका
मुश्किल से इक क़तरा दे है और समन्दर मांगे है

1. निर्माण, विकास
2. तुच्छ

तौबा-तौबा इलाही य' क्या कह दिया
मैंने घबराके बुत को खुदा कह दिया

तेरी वादा ख़िलाफी जो हद से बढ़ी
हमने झूठा तुझे बरमला[1] कह दिया

राहज़न ने कहा मुझको गाली न दो
जब किसी ने उसे रहनुमा कह दिया

इन मकानों के सारे मकीं[2] क्या हुए
इक उदासी ने सब माजरा कह दिया

उनकी महफिल में जा तो रहे हो *हफ़ीज़*
गर किसी ने कुछ अच्छा बुरा कह दिया

1. सबके सामने
2. मकान मे रहने वाले

जब भी आवाज़ कोई शोला नवा[1] देता है
आग हर बर्फ़ के पैकर[2] मे लगा देता है

चाके-दामाने-सुकूं[3] और बढ़ा देता है
जाने तस्कीन[4] के पर्दे में वो क्या देता है

तशनगी[5] में तो कभी बात न पूछी उसने
अब समन्दर भी वो देता है तो क्या देता है

मुझसे कहता है क' इससे तिरी शुहरत होगी
मेरा नाक़िद[6] मिरे ऐबों को हवा देता है

ऐसे अन्देशा-ए-अंजाम को क्या कहिए *हफ़ीज़*
चाहता हूं कभी हंसना तो रूला देता है

1. जोशिली आवाज़ वाला
2. अकृति
3. सुकून के दामन का चाक
4. तसल्ली
5. प्यास
6. आलोचक

उम्र यूं ही गुज़र न जाये कहीं
रायगां[1] य' सफ़र न जाये कहीं

फेंक दीजे उतारकर ख़ुद ही
ताज के साथ सर न जाये कहीं

किसने गुल कर दिये गुलों के चराग़
शक तिरे हुस्न पर न जाये कहीं

मेरे दुश्मन के वार को रोको
मुझ प' एहसान कर न जाये कहीं

कारोबारी मुशायरों में *हफ़ीज़*
आबरू-ए-हुनर न जाये कहीं

1. बेकार

य' क्या ख़बर थी अजल[1] के सुपुर्द कर देगा
उसे गुमां था शिफ़ा[2] उसको चारागर[3] देगा

अगरचे मुझ प' बहुत महरबान है सैयाद[4]
बलन्दियों प' नज़र की तो पर कतर देगा

य' मेरा ज़ौक़े-नबरदाज़माई[5] मेरे लिए
कोई अदु[6], कोई दुश्मन तलाश कर देगा

वो जिन्दगी की ज़मानत तो दे रहा है मगर
मिरी शनाख़्त को किस्तों में क़त्ल कर देगा

बशर[7] को ऐसे मसाइल हैं आजकल दरपेश
जो शब[8] को सोचने बैठा तो सुबह कर देगा

1. मौत
2. इलाज
3. डाक्टर
4. पक्षी पकड़ने वाला
5. संघर्ष करने का शौक़
6. दुश्मन
7. आदमी
8. रात

अब ऐसा लगने लगा है क' जैसे कम्प्यूटर
फ़लक[1] के सारे सितारे शुमार कर देगा

जो कह रहा है क़सम खाके 'बेज़रर हूं मैं'
वो एक रोज़ अचानक ही वार कर देगा

मैं डर रहा हूं बहुत उसकी सादा-लौही[2] से
मिरे ख़िलाफ कोई उसके कान भर देगा

हफ़ीज़ मुझको फ़रिश्ता कहेगी जब दुनिया
मिरा ज़मीर मुझे संगसार[3] कर देगा

• • •

मैंने ही तोड़ा है य' सहमा हुआ सन्नाटा
कोई आवाज़ न थी मेरी नवा[4] से पहले

1. आसमान
2. सादगी
3. पत्थरों से मारने की सज़ा
4. आवाज़

तिरे ग़म ने तपाकर रख दिया है
मुझे कुन्दन बनाकर रख दिया है

यहां आया नहीं भौंचाल कोई
धमाकों ने हिलाकर रख दिया है

मिरे क़ातिल की फ़नकारी तो देखो
मिरा लाशा सजा कर रख दिया है

बुरा उनको कहा मैंने न अच्छा
बस आईना दिखाकर रख दिया है

कहा जब प्यार से उनको मसीहा
तो ख़न्जर मुस्कुरा कर रख दिया है

सितम याद आये सब एक-एक करके
ख़ज़ाना गिनगिना कर रख दिया है

सलामत है मिरी तौबा अभी तक
अभी साग़र[1] उठाकर रख दिया है

हमारे अहद[2] के दानिशवरों[3] ने
हमें पागल बनाकर रख दिया है

हफ़ीज़ अब मुझसे वो सहमे हुए हैं
जो कहते थे मिटाकर रख दिया है

• • •

उसकी दुनिया अल्लाहू-अकबर
जाने वो ख़ुद कैसा होगा

1. शराब पीने का प्याला
2. दौर
3. बुद्धिजीवियों

बड़े अदब से ग़रूरे-सितमगरां बोला
जब इनक़लाब के लहजे में बेज़बां बोला

'तकोगे यूं ही हवाओं का मुंह भला कब तक?'
य' नाखुदाओं[1] से इक रोज़ बादबां बोला

अभी से होश उड़े मसलहत-परस्तों के
अभी मैं बज़्म में आया अभी कहां बोला

चमन में सब की ज़बां पर थी मेरी मज़लूमी
मिरे ख़िलाफ जो बोला तो बाग़बां बोला

'यही बहुत है क' जिंदा तो हो मियां साहब!'
ज़माना सुन के मिरे ग़म की दास्तां बोला

1. नाविकों

तुले हैं क़त्ल प' फूलों में तोलने वाले
इक ऐसा बोल मैं झूठों के दरमियां बोला

हिसारे-जबर[1] में ज़िन्दा बदन जलाए गए
किसी ने दम नहीं मारा मगर धुआं बोला

असर हुआ तो य' तक़रीर का कमाल नहीं
मिरा ख़ुलूस मुख़ातिब था मैं कहां बोला

'कहा न था क' नवाज़ेंगे हम *हफ़ीज़* तुझे'
उड़ा के वो मिरे दामन की धज्जियां बोला

◆ ◆ ◆

फिर रहे हैं ख़ुदनुमाई को वो बेपर्दा किए
इस हवस ने कैसे-कैसे ख़ूबरू रुसवा किए

1. जुल्म के घेरे में

ऐसी आसानी से क़ाबू में कहां आती है आग
जब भड़कती है तो भड़के ही चली जाती है आग

ख़ाक सरगर्मी दिखाएं बेहिसी[1] के शहर में
बर्फ़ के माहौल में रहकर ठिठर जाती है आग

पासबां[2] आखें मले, अंगड़ाई ले, आवाज़ दे
इतने अरसे में तो अपना काम कर जाती है आग

आंसुओं से क्या बुझेगी दोस्तो दिल की लगी
और भी पानी के छींटों से भड़क जाती है आग

हल हुए हैं मसअले शबनम-मिज़ाजी से मगर
गुत्थियां ऐसी भी हैं कुछ जिनको सुलझाती है आग

1. बिना भावनाओं के
2. निगरानी करने वाला

य' भी इक हससास दिल रखती है पहलू में ज़रूर
गुद गुदाता है कोई झोंका तो बलखाती है आग

जब कोई आग़ोश खुलता ही नहीं इस के लिए
ढांप कर मुंह राख के बिस्तर प' सो जाती है आग

अम्न ही के देवताओं के इशारों पर *हफ़ीज़*
जंग की देवी खुले शहरों प' बरसाती है आग

◆ ◆ ◆

य' बांकपन है हमारा क' ज़ुल्म पर हमने
बजाए नाला-ो-फरियाद[1] शायरी की है

ज़रा से पांव भिगोये थे जाके दरिया पर
ग़रूर य' है क' हमने शनावरी[2] की है

1. शिकायत और फरियाद
2. तैराकी

महरबां वो लबे-जू[1] आज हुआ पानी पर
छेड़कर पांव से अहसान किया पानी पर

नक़्श का तो कभी जादू न चला पानी पर
रंग काई का मगर जम के रहा पानी पर

संगदिल[2] लोग थे पहरा था कड़ा पानी पर
मैंने आंसू ही पिए, बस न चला पानी पर

मौजा-ए-मय[3] से तराशा हुआ अंदाज़े-ख़िराम[4]
आप चलते हैं क' चलती है सबा[5] पानी पर

हो गया शेख़[6] की महमान-नवाज़ी का शिकार
इकतिफ़ा[7] रिन्द[8] को करना ही पड़ा पानी पर

1. नदी के किनारे
2. पत्थर दिल
3. शराब की लहर
4. चलने का अंदाज़
5. हवा
6. धर्म-गुरू
7. बस करना
8. शराबी

लीजिए मिल गई बेचारे ग़रीबों को दवा
पढ़ के इक शख़्स ने कुछ फूंक दिया पानी पर

ख़ून इस दौरे-गरानी[1] में बहुत सस्ता है
रात फिर गांव में इक क़त्ल हुआ पानी पर

कितने पानी में हूं मैं जान गया य' पानी
इक झिझक ने ही भरम खोल दिया पानी पर

झील में डूब गया जान से बेज़ार बदन
तैरता रह गया मिट्टी का घड़ा पानी पर

य' बताकर क' गिलासों की शरारत थी *हफ़ीज़*
धो दिया हमने वो इल्ज़ाम जो था पानी पर

1. मंहगाई के दौर में

बज़्मे-तकल्लुफ़ात सजाने में रह गया
मैं ज़िन्दगी के नाज़ उठाने में रह गया

तासीर के लिए जहां तहरीफ़[1] की गई
इक झोल बस वहीं प' फ़साने में रह गया

सब मुझ प' मुहरे-जुर्म लगाते चले गए
मैं सब को अपने ज़ख़्म दिखाने में रह गया

खुद हादसा भी मौत प' उसकी था दम-बख़ुद[2]
वो दूसरों की जान बचाने में रह गया

अब अहले-कारवां प' लगता है तोहमतें[3]
वो हमसफ़र जो हीले[4] बहाने में रह गया

1. संशोधन
2. हैरत में
3. आरोप
4. बहाने बनाने

मैदाने-कारज़ार[1] में आए वो क़ौम क्या
जिसका जवान आइना-ख़ाने में रह गया

वो वक़्त का जहाज़ था करता लिहाज़ क्या
मैं दोस्तों से हाथ मिलाने में रह गया

बाज़ारे-ज़िन्दगी से क़ज़ा ले गई मुझे
य' दौर मेरे दाम लगाने में रह गया

य' भी है एक कारे-नुमायां[2] *हफ़ीज़* का
क्या सादा-लौह[3] कैसे ज़माने में रह गया

◆ ◆ ◆

मेरा ग़मख़्वार[4] मुझसे य' कहने लगा
मेरा दामन नहीं आंसुओं के लिए

1. अम्ल के मैदान में
2. नुमायां काम
3. सीधा-सादा
4. दिलासे देने वाला

पोंछेगा न कोई भी दिले-ज़ार[1] के आंसू
खुद ख़ाक में मिल जाएंगे थक हार के आंसू

मुंह फेर लें हमदर्द तो एहसान करेंगे
ग़म और बढ़ा देते हैं ग़मख़्वार[2] के आंसू

आंखों की क़सम हम से तो देखे नहीं जाते
नादार[3] के आंसू हों क' ज़रदार[4] के आंसू

तन्हाई में साक़ी[5] के क़दम चूम रहे हैं
मैख़ाने से रूठे हुए मयख़्वार[6] के आंसू

हंसकर वो मिरे गिरया-ए-पैहम[7] प' य' बोले
क्या देखिए देखे हुए सौ बार के आंसू

1. रोने वाले दिल
2. तसल्ली देने वाले
3. ग़रीब
4. अमीर
5. शराब पिलाने वाली
6. शराबी
7. लगातार रोने पर

हर संग[1] है ग़म के लिए इक शीशा-ए-नाज़ुक
इक ठेस में आ जाते हैं पिन्दार[2] के आंसू

तख़लीक़[3] में आते नहीं शहकार के अंदाज़
जब तक न संवारें उसे फ़नकार के आंसू

हमने भी जिगर थाम के देखे हैं *हफ़ीज़* आज
रूख़सारे-ग़ज़ल पर तिरे अशआर[4] के आंसू

♦ ♦ ♦

वार को उन के कभी ख़ातिर में लाया ही नहीं
कितने दुश्मन मैंने इस तदबीर[5] से पसपा[6] किए
रश्क[7] मुझको बेज़मीरों[8] पर नहीं आया हफ़ीज़
लाख मेरे हाल पर वो तन्ज़[9] फरमाया किए

1. पत्थर
2. अभिमानी
3. कृति
4. शेर का बहुवचन
5. रणनीति
6. पराजित
7. गर्व
8. चरित्रहीनों
9. व्यंग्य

क़हर-आलूद[1] थे माहौल के तेवर कितने
मारके[2] फिर भी मुहब्बत ने किए सर[3] कितने

वो जो धुंधलाए हुए नक़्श थे उम्मीदों के
हो गए एक तबस्सुम[4] से उजागर कितने

दिले-इन्सां प' हवादिस[5] की य' चोटें तौबा
फूल के सीने प' तोड़े गए पत्थर कितने

अपनी हस्ती प' न' इतराए कोई कोहे-ग़ुरूर[6]
वक़्त ने फेंक दिए ऐसे उठाकर कितने

मुड़के देखा तो नज़र आए बहुत चींबजबीं[7]
यही अहबाब[8] मिले थे अभी हंसकर कितने

1. क़हर में डूबे हुए
2. संघर्ष
3. जीते
4. मुस्कुराहट
5. परेशानियों
6. घमंड का पहाड़
7. माथे पे शिकन डाले हुए
8. दोस्त

मुझको तूफ़ान से लड़ने में मज़ा आता है
वरना बह जाते हैं सैलाब के रूख़ पर कितने

मुद्दतों फूल समझती रही इन को दुनिया
हमने तो ज़ख़्म भी रक्खे हैं सजाकर कितने

आपका दम भी ग़नीमत नज़र आता है *हफ़ीज़*
रह गए हैं भला अब ऐसे क़लन्दर कितने

♦ ♦ ♦

हैं इलतिवा[1] की गोद के पले सब उसके मसअले
किसी को हल नहीं किया, हमेशा टालता रहा
ख़्याले-यार तेरी निगहदाश्त[2] इस तरह हुई
दिमाग़ थक के सो गया तो दिल संभालता रहा

1. टालने
2. देख रेख

लहू से अपने ज़मीं लालाज़ार देखते थे
बहार देखने वाले बहार देखते थे

सरूर[1] एक झलक का तमाम उम्र रहा
हवस-परस्त थे जो बार-बार देखते थे

कभी-कभी हमें दुनिया हसीन लगती थी
कभी-कभी तिरी आंखों में प्यार देखते थे

चला वो दौरे-सितम घर में छिपके बैठ गए
जो हर सलीब को मरदानावार देखते थे

कभी जिहादे-मुसलसल[2] थी जिंदगी अपनी
सुकूं इसी में, इसी में क़रार देखते थे

1. नशा
2. निरंतर संघर्ष

मिले थे मिलने को लेकिन जुदा-जुदा ही रहे
सबब य' है क' सब अपना वक़ार[1] देखते थे

न दीजिए उन्हें इल्ज़ाम क़त्ल का वो तो
बस इक ज़रा नए ख़ंजर की धार देखते थे

सबा[2] ने लम्स[3] का मरहम जो ज़ख़्मे-गुल प' रखा
तिरी तरफ़ तिरे सीना-फ़िगार[4] देखते थे

अगरचे बिस्तरे-आसुदगी[5] प' थे फिर भी
वतन के ख़्वाब ग़रीब-उद-दयार[6] देखते थे

किसी को दर्से-क़नाअत[7] *हफ़ीज़* क्या देते
ख़ुद अपने गिर्द हवस का हिसार[8] देखते थे

1. प्रतिष्ठा
2. हवा
3. छूना
4. जख्मी सीने वाले
5. आराम, रईसी
6. प्रवासी
7. सब्र का सबक़
8. घेराबंदी

नहीं होतीं कभी साहिल के अरमानों से वाबस्ता[1]
हमारी कश्तियां रहती हैं तूफ़ानों से वाबस्ता

हमारा ही जिगर है य' हमारा ही कलेजा है
हम अपने ज़ख़्म रखते हैं नमकदानों से वाबस्ता

न ले चल ख़ानक़ाहों की तरफ़ शेख़े-हरम[2] मुझको
मुजाहिद[3] का तो मुस्तक़बिल[4] है मैदानों से वाबस्ता

मैं यूं रहज़न[5] के बदले पासबां[6] पर वार करता हूं
मिरे घर की तबाही है निगहबानों[7] से वाबस्ता

हमारी बेक़रारी को न छेड़ो मुतमइन[8] लोगो!
क' तक़दीरे-सुकूं है हम परिशानों से वाबस्ता

1. परिचित, जुड़ी हुई
2. धर्म–गुरू
3. जिहाद करने वाला
4. भविष्य
5. लुटेरे
6. निगरानी करने वाला
7. निगरानी करने वालों
8. संतुष्ट

कहीं मसली हुई कलियां, कहीं रौंदे हुए ग़ुन्चे
बहुत सी दास्तानें हैं शबिस्तानों[1] से वाबस्ता

मौररिख़[2]! तेरी रंगामेज़ियां[3] तो ख़ूब हैं लेकिन
कहीं तारीख़[4] हो जाए न अफसानों से वाबस्ता

अभी य' चलते-चलते देख लेते हैं ख़राशों को
अभी कुछ और ज़ंजीरें हैं दीवानों से वाबस्ता

मुहब्बत ख़ामशी भी, चीख़ भी, नग़्मा भी, नारा भी
य' इक मज़मून[5] है कितने ही उनवानों[6] से वाबस्ता

हफ़ीज़े-मेरठी को कौन पहचाने क' बेचारा
न एवानों[7] से वाबस्ता, न दरबानों से वाबस्ता

1. रईसों के रहने के कमरे
2. इतिहासकार
3. झूठ से घटनाओं में रंग भरना
4. इतिहास
5. विचार
6. शीर्षकों
7. महलों

फूल तो रह गए कीसा-ए-ज़र[1] लिए
और शबनम[2] ने मोती लुटा भी दिए

उनके जाने का मंज़र तमाशा नहीं
दूर तक देखिए, देर तक सोचिए

हम तो दीवाने ठहरे हमें क्या ख़बर
जाने क्यों हंस पड़े जाने क्यों रो दिए

दर्द पर तबसरा[3] तो बहुत हो चुका
दर्द को आप महसूस भी कीजिए

जाम साक़ी ने जब बेरूख़ी से दिया
मैकदे[4] से निकल आए हम बे-पिए

1. सोने से भरी थैली
2. ओस
3. कमेंटरी
4. शराबखाने

शेख़ साहब तुम्हारी भी अच्छी कटी
ख़ूब सजदे किए, ख़ूब धोके दिए

अंजुमन[1] कैफ़ो मस्ती[2] में डूबी रही
शम्अ घुलती रही अंजुमन के लिए

ए *हफ़ीज़* उसने किस सादगी से कहा
आप क्या अर्ज़ करते हैं फ़रमाइए

♦ ♦ ♦

एक बिन्त-ए-हया[3] को य' कहना पड़ा
मैं नहीं हूं तमाशाइयों के लिए
ए ख़ुदा क्या यही हुक्म है अब तिरा
मस्जिदें छोड़ दें हम बुतों के लिए

1. महफ़िल
2. नशा, उन्माद, मस्ती
3. शर्मीली लड़की

सिमटे बैठे हो क्यों बुज़दिलों की तरह
आओ मैदान में ग़ाज़ियों[1] की तरह

कौन रखता हमें मोतियों की तरह
मिल गए ख़ाक में आंसुओं की तरह

रौशनी कब थी इतनी मिरे शहर में
जल रहे हैं मकां मशअलों की तरह

दाद दीजे क' हम जी रहे हैं वहां
हैं मुहाफ़िज़[2] जहां क़ातिलों की तरह

इसमें अपने पराये को क्या देखना
तुम बरसते चलो बादलों की तरह

1. बहादुरों, जिहाद करने वालों
2. सुरक्षा करने वाले

ज़िन्दगी अब हमारी ख़ता बख़्श दे
दोस्त मिलने लगे मुहसिनों[1] की तरह

कैसे अल्लाह वाले हैं य' ए ख़ुदा
गुफ्तगू, मशवरे, साज़िशों की तरह

मेरी बातों प' हंसती है दुनिया अभी
मैं सुना जाऊंगा फ़ैसलों की तरह

जगमगाती महकती वो यादें तिरी
जुगनुओं की तरह ख़ुशबुओं की तरह

तुम भी दरबार मे हाज़री दो *हफ़ीज़*
फिर रहे हो कहां मुफ़लिसों[2] की तरह

1. उपकार करने वाला
2. गरीबों

चाहे तन मन सब जल जाए
सोज़े-दुरूं[1] पर आंच न आए

शीशा टूटे, ग़ुल मच जाए
दिल टूटे आवाज़ न आए

बहरे-मुहब्बत तौबा! तौबा!
तैरा जाए न डूबा जाए

ए वाए मजबूरी-ए-इंसां
क्या सोचे ओ'र क्या हो जाए

हाए वो नग़्मा जिसका मुग़न्नी[2]
गाता जाए, रोता जाए

1. अंदर की गर्मी
2. गाने वाला

इज़्ज़त, दौलत आनी जानी
मिल मिल जाए छिन-छिन जाए

जिसको हो कहनी दिल की कहानी
सरता-पा[1] धड़कन बन जाए

दुनिया का अपनाना ही क्या
कांटे अपने फूल पराए

मयख़ाने[2] की सम्त[3] न देखो
जाने कौन नज़र आ जाए

काश हमारा फ़र्ज़े-मुहब्बत
ऐशे-मुहब्बत पर छा जाए

1. सिर से पांव तक
2. शराबखाने
3. तरफ

कारवां चाहे मुख़्तसर[1] हो जाए
कोई रहज़न[2] न हमसफर हो जाए

ख़ाम[3] अब भी नहीं है इश्क़ मगर
चोट खाले तो पुख़्तातर[4] हो जाए

बारे-मरहम[5] भी ज़ख़्म पर मंज़ूर
ताकि तस्कीने-चारागर[6] हो जाए

इस फ़रेबे-सूकूनो-राहत[7] पर
इतना हंसये क' आंख तर हो जाए

हो न तक़दीर का अगर क़ाइल
आदमी, आदमी के सर हो जाए

1. छोटा
2. लुटेरा
3. कमजोर
4. मजबूत
5. मरहम का बोझ
6. चिकित्सक की तसल्ली
7. सूकून ओर राहत के फ़रेब

जाइए होके बेक़रार कहां
सब हैं ग़मगीन,[1] ग़मगुसार[2] कहां

दैर[3] के पास या हरम[4] के क़रीब
हम करें तेरा इंतिज़ार कहां

हर घड़ी लब प' ज़िक्रे-यार तो है
दिल में हर दम ख़्याले-यार कहां

एक अंदाज़ पर रहे क़ाइम
ज़िन्दगी इतनी वज़अ'दार[5] कहां

दर्द ही चैन से नहीं रहता
दिल में गुंजाइशे-क़रार कहां

1. दुखी
2. दुख दूर करने वाला
3. मंदिर
4. मस्जिद
5. सदा निभाने वाली

आदमी बेचैन है, बदहाल है, रंजीदा[1] है
ए मिरे अहसास तू आख़िर कहां ख़्वाबीदा[2] है

शुक्र है इस पर किसी की भी नज़र जाती नहीं
मुस्कराहट में हमारी करब[3] जो पोशिदा[4] है

दो घड़ी मिल बैठने से सब पता चल जाएगा
जो बज़ाहिर खुश है, वो भी अस्ल में रंजीदा है

जितना सुलझाओगे य' उतना उलझता जाएगा
मसअ'ला तक़दीर का यारो बहुत पेचीदा[5] है

यूं तो हर आंसू है मेरी आंख का तारा *हफ़ीज़*
जो ग़मे-जानां[6] ने बख़्शा आबरू-ए-दीदा[7] है

1. दुखी
2. सोया हुआ सपने देख रहा है
3. दर्द
4. छिपी हुई
5. उलझाा हुआ
6. प्रेयसी के ग़म
7. आंख की आबरू

खुलूसे-दिल की झलक जब सुख़न[1] में आई है
तो ज़िन्दगी सी नज़र अंजुमन[2] में आई है

हमें तो बादे-सबा[3] का भी एतबार नहीं
ख़िज़ां[4] से हाथ मिलाकर चमन में आई है

करम है य' भी मुसाफ़िर-नवाज़[5] लोगों का
हमारी लाश हमारे वतन में आई है

य' क्या सलूक मुहब्बत से आदमी ने किया
लिबासे-गुल में गई थी कफ़न में आई है

हफ़ीज़ तुम ही ज़रा ज़िन्दगी से बात करो
जो दिल का दर्द लिए अहले-फ़न[6] मे आई है

1. बात
2. महफिल
3. सुबह की हवा
4. पतझड़
5. यात्रियों का ख्याल रखने वाले
6. लेखकों, कलाकारों

हम मुख़लिसों[1] के, उनसे, जो दुश्मन बहुत मिले
याराने-बावफ़ा[2] से वो बदज़न बहुत मिले

य' और बात है क' अंधेरा दिलों में था
उस बज़्म में चराग़ तो रौशन बहुत मिले

पहुंचेगा कारवां य' कहां हम समझ गए
रहबर के इर्द गिर्द जो रहज़न बहुत मिले

बेफ़िक्रो-मुतमइन[3] थे जो रखते न थे दिमाग़
उक़दा-कुशा,[4] लिए हुए उलझन बहुत मिले

गहरा हुआ है रंग अंधेरे का जब *हफ़ीज़*
इमकान[5] रौशनी के भी रौशन बहुत मिले

1. सच्चे दोस्तों
2. वफ़ा करने वाले दोस्त
3. बेफ़िक्र और संतुष्ट
4. गुत्थियां सुलझाने वाले
5. संभावना

जब सुख़न-फ़हमों[1] की दुनिया में कमी होने लगी
शायरी रूख़सत हुई ख़ानापुरी होने लगी

मैंने चाहा था क' दुश्मन की तबाही पर हंसूं
तानाज़न[2] मुझ पर मिरी शाइस्तगी[3] होने लगी

जब किसी गुलफ़ाम[4] का दामन उलझकर रह गया
ख़ार[5] को महसूस अपनी बरतरी होने लगी

किस क़दर तारीक[6] थीं राहें मगर जब चल पड़े
ख़ाक के ज़र्रों से पैदा रौशनी होने लगी

हम तो उठ आए *हफ़ीज़* अहबाब[7] को करके सलाम
अंजुमन[8] में बह्स जब बेकार की होने लगी

1. शेर समझने वालों
2. व्यंगात्मक
3. नम्रता
4. फूल से चेहरे वाला, आशिक
5. कांटे
6. अंधेरी
7. दोस्तों
8. महफिल

उन रहबराने-क़ौम[1] की क्या पैरवी करें
जो रहबरी के नाम प' सौदागरी करें

हर सम्त[2] ज़ुल्मतों[3] के परसतार[4] हैं यहां
शम्एं किधर जलाएं, कहां रौशनी करें?

दौलत ने हम से हाथ मिलाया तो है मगर
इस दुश्मने-क़रार[5] से क्या दोस्ती करें

मरदाने-हक़परस्त[6] को हर करबला[7] कुबूल
पेचीदा[8] मसअ'ला हो तो कुछ ग़ौर भी करें

पैग़ाम य' मिला है *जनाबे-हफ़ीज़* को
अंजाम पहले सोच लें तब शायरी करें

1. समुदाय के नेताओं
2. तरफ
3. अंधेरों
4. चाहने वाले
5. चैन की दुश्मन
6. सत्य के मार्ग पर चलने वाले व्यक्ति
7. मुसीबत
8. उलझा

इक अंदलीबे-ज़ार[1] ही नाला-कुनां[2] मिले
गुलशन में जिन्दगी का कोई तो निशां मिले

ए क़ाश मेरे उज़ड़े नशेमन[3] के सामने
ख़ामोश सिर झुकाए हुए बाग़बां[4] मिले

छोटों से यूं बड़ों को तकब्कुर[5] न चाहिए
झुककर मिले ज़मीं से अगर आसमां मिले

ए दिल हुजूमे-ग़म में गनीमत है बेकसी[6]
चीख़ें निकल पड़ें जो कोई महरबां मिले

आती थी क़हक़हों की सदा[7] दूर से *हफ़ीज़*
देखा क़रीब जाके तो आंसू रवां[8] मिले

1. दुखियारी बुलबुल
2. रोती हुई
3. घौंसला
4. माली
5. अहंकार
6. अकेलापन
7. आवाज़
8. बहते हुए

जुनूने-शौक़ से जब काम झुंजला कर लिया मैंने
हवादिस[1] को हमआंहगे-तमन्ना[2] कर लिया मैंने

इलाही कौन सी मंज़िल है य' दुनिया-परस्ती की ?
किसी ने नाम पूछा और सजदा कर लिया मैंने

न हों हैरान मेरे क़हक़हों पर महरबां मेरे
फ़क़्त फरियाद का मअयार[3] ऊंचा कर लिया मैंने

कभी ऐसी भी रूत लाएगी फितरत बाग़े-आलम[4] में
क' जब जिस शाख़ पर चाहा बसेरा कर लिया मैंने

रसा[5] हों या न हों नाले[6] य' नालों का मुक़द्दर है
हफ़ीज़ आंसू बहाकर जी तो हलका कर लिया मैंने

1. परेशानियों, हादसों
2. तमन्ना के अनुरूप
3. स्तर
4. दुनिया के बाग
5. कामयाब
6. रोना

असर क्या ख़ाक होगा उसकी बातों का ज़माने पर
जो खुद इक मुस्तक़िल[1] तनक़ीद[2] हो अपने फ़साने पर

मुसलसल[3] नामुरादी[4] का नतीजा और क्या होता
मुहब्बत तन्ज़[5] बनकर रह गई आख़िर ज़माने पर

मुआफ़ ए नौ-गिरफ्तारो[6]! मिरे पर नोचने वाले
मुझे मजबूर करते थे क़फ़स[7] का दर[8] सजाने पर

मैं क्यों अहले-जहां[9] की तुर्श-रुई[10] का बुरा मानूं
गरां-ख्वाबी[11] में झुंजलाया ही करते हैं जगाने पर

हफ़ीज़े-बेनवा[12] से पुरसिशे-अहवाल[13] मत करना
वो दुखियारा न आ जाए कहीं रोने-रुलाने पर

1. हमेशा
2. आलोचना
3. निरंतर
4. नाकामी
5. व्यंग
6. नये बंदी
7. कैदखाने
8. दरवाजा
9. दुनिया वालों
10. नाराज़गी, कड़वेपन से बात करना
11. गहरी नींद में
12. निराश्रय
13. हालात के बारे मे प्रश्न

कहां य' सतह-पसंदी अदब को ले आई
जहां नज़र की बलन्दी न दिल की गहराई

अब आदमी का ठिकाना, न काएनात की ख़ैर
सुना है अहले-ख़िरद[1] हो गए हैं सौदाई[2]

हयात[3] पूछ रही थी सुकून का मफ़हूम[4]
तड़प के दिल ने तिरे दर्द की क़सम खाई

उसी की राह में आंखें बिछाएगी मंज़िल
वों अज़्म[5] जो नहीं मोहताजे–हिम्मत अफ़ज़ाई[6]

मुशायरों में *हफ़ीज़* आज कल वही जाए
क' जिसको हद से ज़ियादा हो ज़ौक़े-रूसवाई[7]

1. अक़ल वाले
2. पागल
3. जिन्दगी
4. अर्थ
5. इरादा, निश्चय
6. जिसे हिम्मत अफ़जाई की जरूरत नहीं
7. बदनामी कराने का शौक़

य' फ़लसफ़ा भी है और दिल का फ़ैसला भी है
सुपुर्दगी ही नहीं, इश्क़ में अना[1] भी है

अगरचे दर्द की शिद्दत[2] से चीख़ता भी है
तड़पने वाले में जीने का हौसला भी है

समझ के, सोच के हमको खुशामदेद[3] कहो
हमारे साथ मसाइल[4] का क़ाफ़ला भी है

कुछ एहतमामे-खुसुसी[5] की फ़िक्र कर साक़ी
क' आज रिन्दों[6] के साथ एक पारसा[7] भी है

नियाज़ो-नाज़[8] की लज़्ज़त *हफ़ीज़* से पूछो
खुदा-शनास[9] भी है वो ख़ुद-आशना[10] भी है

1. खुदी, खुद्दारी
2. तीव्रता
3. वैलकम, स्वागत
4. समस्याओं
5. खास इंतिज़ाम
6. शराबियों
7. शरीफ आदमी
8. मीठे वचनों और नम्र व्यवहार
9. खुदा को पहचानता है
10. स्वंय से भी परिचित है

बेताबियां हैं ओ'र न ग़मे-इंतिज़ार है
य' एतबार है क' अदम-एतबार[1] है

क्या अहद[2] था क' आप की नफ़रत भी थी अज़ीज़
क्या वक़्त है क' आप की उलफ़त[3] भी बार[4] है

तन्हाई में सुलग न उठें फिर बुझे शरार[5]
ए दिल क़यामे-बज़्म[6] से कुछ तो क़रार[7] है

सच जान मैंने तेरी तमन्ना कभी न की
ओ'र यूं तिरे करम का तुझे इख़्तियार[8] है

काफ़िर[9] सरूरे-इश्क़[10] तो था ही मगर *हफ़ीज़*
इससे भी कुछ लज़ीज़ य' ज़ालिम ख़ुमार[11] है

1. यकीन का ख़तम होना
2. जमाना
3. प्यार
4. बोझ
5. अंगारे
6. महफ़िल के सजने से
7. चैन
8. अधिकार
9. दुश्मन
10. प्यार का नशा
11. नशा

बादे-सबा[1]! य' जुल्म खुदारा न कीजियो
उस बेवफ़ा से ज़िक्र हमारा न कीजियो

ग़म की कमी नहीं है जहाने-ख़राब[2] में
ए दिल तरस-तरस के गुज़ारा न कीजियो

बदतर है मौत से भी गुलामी की जिंदगी
मर जाइयो मगर य' गवारा न कीजियो

ऐसा न हो क' लोग हमें पूजने लगें
इतना भी एहतराम[3] हमारा न कीजियो

साहिल[4] अगर नसीब भी हो जाए ए *हफ़ीज़*
तूफ़ां से भूलकर भी किनारा न कीजियो

1. सुबह चलने वाली हवा
2. ख़राब दुनिया में
3. इज़्ज़त
4. किनारा

उस अज़्म[1] में अज़मत[2] की कोई बात नही है
वो अज़्म जो परवरद-ए-आफ़ात[3] नहीं है

अब खुल के कहो बात तो कुछ बात बनेगी
य' दौरे-इशारातो-किनायात[4] नहीं है

कुछ ओक से पीते हैं तो कुछ जाम बकफ़[5] हैं
साक़ी तिरी महफ़िल में मसावात[6] नहीं है

मिलते ही कुछ इस तरह उमड़ आए हैं आंसू
जैसे क' य' रूख़सत है मुलाक़ात नहीं है

झुक झुक के *हफ़ीज़* आप न आदाब बजा लाएं
य' दादे-सुख़न[7] है कोई ख़ैरात नहीं है

1. इरादे
2. महानता
3. आफ़तों का पला हुआ
4. सिम्बल और इशारों में बात करने का जमाना
5. गिलास से पी रहे हैं
6. बराबरी, समता
7. शायरी की तारीफ़

कैसी ही मुसीबत हो बड़े शौक़ से आए
कम ज़र्फ के एहसान से अल्लाह बचाए

मैं आज नए अज़्म[1] से पर तोल रहा हूं
कोई मिरी परवाज़[2] की राहों में न आए

दामन का कभी ग़म है कभी फ़िक्रे-गरेबां[3]
हम होश में आए भी तो क्या होश में आए

जिस शाख़ ने आग़ोश में कलियों को खिलाया
उस शाख़ ने फूलों के जनाज़े भी उठाए

रहता है *हफ़ीज़* अहले-तकब्बुर[4] से गुरेज़ां[5]
उस शायरे-मग़रूर को मुंह कौन लगाए

1. इरादे
2. उड़ान
3. गरेबान की चिन्ता
4. अंहकारी लोगों
5. बचा-बचा

दारो-रसन[1] ने किसको चुना देखते चलें
य' कौन सर बलन्द हुआ? देखते चलें

आएगा फिर चमन प' तस्सरूफ़[2] का वक़्त भी
पहले क़फ़स[3] की आबो-हवा[4] देखते चलें

जाते थे हम तो फेर के मुंह जलवागाह से
लेकिन दिलो-नज़र ने कहा 'देखते चलें'

तहज़ीबे-नौ[5] के अहद[6] में इंसानियत के साथ
इंसां ने क्या सूलूक किया? देखते चलें

हां इक नज़र *हफ़ीज़* प' इबरत[7] के वास्ते
क्या रह गई है क़द्रे-वफ़ा[8] देखते चलें

1. फांसी देने का फंदा और टिकठी
2. इस्तेमाल
3. क़ैद
4. हवा और पानी
5. नई संस्कृति
6. दौर
7. सबक, चेतावनी
8. वफ़ा की क़द्र

हासिल हैं रहज़नों की जो ख़िदमात इन दिनों
रहबर बना है क़िबल-ए-हाजात[1] इन दिनों

दामन नसीब है न गिरेबां नसीब है
कैसे करें जुनूं की मदारात[2] इन दिनों

उतरो न आसमां से फ़रिश्तो! वहीं रहो
अच्छे नहीं ज़मीन के हालात इन दिनों

अहले-हुनर की क़द्र भी उन में से एक है
नापैद हो गईं जो रिवायात[3] इन दिनों

हल हो तो किस तरह हो कोई मसअला *हफ़ीज़*
छाए हुए हैं अक़्ल प' जज़्बात इन दिनों

1. आवश्यकता का केन्द्र
2. ख़ातिर
3. परंपरा

वादी-ए-हुस्न! हम इस सैरो-सफ़र से गुज़रे
दिल लरज़ उट्ठा वो नज़्ज़ारे नज़र से गुज़रे

उफ़ य' जादा क' जिसे देखके जी डरता है
क्या मुसाफ़िर थे जो इस राहगुज़र से गुज़रे

हुस्ने-मंजिल की क़सम, जिन्दगी-ए-दिल की क़सम
रक़स[1] करते हुए हम बर्क़ो-शरर[2] से गुज़रे

कोई चुपके से दिया दिल का जलाकर सो जाए
कारवाने-महो-अंजुम[3] जब इधर से गुज़रे

जाने क्या कह गए माहौल से, जाते-जाते
वो अंधेरे जो अभी चाके-सहर से गुज़रे

1. नाचते हुए
2. अंगारें और बिजलियों
3. चांद सितारों का कारवां

किस-किस अंदाज़ से फ़ितरत ने मुझे ख़्वार[1] किया
कहीं मजबूर बनाया कहीं मुख़्तार[2] किया

नीम-बाज़[3] आंखों से य' क्या निगहे-यार किया
न तो मासूम ही छोड़ा न गुनहगार किया

मैं तो उस दर्द के अंजाम से थर्राता हूं
जिसके आग़ाज़[4] ने तुम को मिरा ग़मख़्वार[5] किया

हाए मजबूरी-ए-उलफ़त[6] क' बईं सोज़ो-गुदाज़[7]
हमने हंस-हंस की तिरे इश्क़ से इनकार किया

वही दीवाना सा, बरबाद सा, शाइर सा *हफ़ीज़*
तुमने भी किसके लिए दिल को गरांबार[8] किया

1. ज़लील
2. अधिकारों से युक्त
3. अधखुली
4. आरम्भ
5. ग़म बांटने वाला
6. प्रेम की मजबूरी
7. गर्मी और पिघलना
8. बोझल

शाइरों के, न किसी अहले-क़लम के हाथों
आप बदनाम हुए अपने सितम के हाथों

अपने कशकोल से सर फोड़लें नादां अपना
वो जो बरबाद हुए दस्ते-करम[1] के हाथों

तब ख़्याल आया क' मैं झूठ के बाज़ार में हूं
ज़िन्दगी बिक गई जब क़ौलो-क़सम[2] के हाथों

हर सताया हुआ मिलता है लिपटकर मुझसे
शख़्सियत में य' कशिश आई है ग़म के हाथों

सर बकफ़[3] हम जो बढ़े दीन की नुसरत[4] को *हफ़ीज़*
कुफ़्र[5] का फतवा लगा शेख़े-हरम[6] के हाथों

1. करम का हाथ
2. वचन, कसम, जबान देना
3. जान हथेली पर लेकर
4. विजय
5. अधर्मी
6. धर्मगुरू

रंग आंखों के लिए, बू है दिमाग़ों के लिए
फूल को हाथ लगाने की ज़रूरत क्या है

अपने दामन के लिए ख़ार[1] चुने ख़ुद हमने
अब य' चुभते हैं तो फिर इनसे शिकायत क्या है

हूरो-जन्नत की तमन्ना नहीं करता अब शैख़[2]
जब से देखा है क' आग़ोशे-हुकूमत[3] क्या है

हाए क्या वक़्त पड़ा है क' मिरी मजबूरी
मुझसे य' पूछ रही है तिरी क़ीमत क्या है

हक़ की राहों में कहां राहतो-आराम *हफ़ीज़*
हम अगर ठोकरें खाते हैं तो हैरत क्या है

1. कांटे
2. मुल्ला
3. सत्ता का सुख

बरबादियां भी इश्क़ में बेफ़ायदा नहीं
अब आस-पास अहले-हवस का पता नहीं

मक़दूर[1] अगर दवा का नहीं है दुआ ही कर
क़िस्मत का आसरा तो कोई आसरा नहीं

काफ़ी है सिर्फ़ अपने पराए का इम्तियाज़[2]
इस दौरे-बेबसर में कुछ अच्छा बुरा नहीं

अल्ला रे उस ग़रीब तमन्ना की बेकसी
दिल भी कभी-कभी जिसे पहचानता नहीं

तू इस से बदगुमान न हो य' तिरा *हफ़ीज़*
कितना ही बेनियाज़[3] सही, बेवफ़ा नहीं

1. संसाधन
2. फ़र्क़
3. बेपरवाह

कल रात जिसने मयकदा[1] सर पर उठा लिया
मेरा जुनून-ए-शौक़[2] था साक़ी! वो मैं न था

वो शर्म है क' घर से निकलना मुहाल[3] है
सुनता हूं मेरे शहर में बेगाना लुट गया

य' क्या मुक़ाम है क' हमारे कलाम पर
तनक़ीद[4] की गई, न कोई तबसरा[5] हुआ

तहसीन-ओ-आफरीं[6] मिरे दुश्मन के वार पर
अल्लाह! मेरे चाहने वालों को क्या हुआ

तर है गुलाबे-अश्क से हर आस्तीं *हफ़ीज़*
शायद मिरी ज़बान प' ज़िक्रे-जमील[7] था

1. शराबखाना
2. प्रेम का उन्माद
3. कठिन
4. आलोचना
5. कमेंटरी
6. दाद और स्वकृति
7. पैग़म्बर का ज़िक्र

मैं ग़म ग़लत न करूंगा शराब से साक़ी
ख़ता मुआफ मुझे बेहिसी[1] पसन्द नहीं

सुकूं में दर्द के पहलू तलाश करते हैं
हम ऐसे लोग जो आसूदगी पसन्द नहीं

न टूट जाए कहीं खुशगुमानियों का तिलिस्म[2]
किसी से इस लिए वाबस्तगी[3] पसन्द नहीं

मिरे हवास, मिरा होश लुटने वाले!
तुझे भी क्या मिरी दिवानगी पसन्द नहीं

हर इक ज़बां प' है पैग़ाम आशती[4] का *हफ़ीज़*
कोई भी दिल से मगर आशती-पसन्द[5] नहीं

1. भावना रहित होना
2. जादू
3. संबंध
4. शांति
5. अमनपसंद

कहां के मालिक-ओ-मुख़्तार[1] हम तो कुछ भी नहीं
फ़रेब दे न दर-ए-यार[2] हम तो कुछ भी नहीं

मिरी झिझक प' वो साक़ी से शैख़ का इरशाद[3]
'बस इक यही तो हैं दींदार हम तो कुछ भी नहीं'

कहां वो गर्मी-ए-गुफ़्तार[4] 'हम ही सब कुछ हैं'
कहां य सर्दी-ए-किरदार[5] 'हम तो कुछ भी नहीं'

इधर जो छांव सी देखी तो आके बैठ गए
लरज़[6] न साया-ए-दीवार! हम तो कुछ भी नहीं

निकालना था चमन से *हफ़ीज़* को पहले
यही है वाक़ई इक ख़ार[7] हम तो कुछ भी नहीं

1. स्वतंत्र स्वामी
2. दोस्त का दरवाज़ा
3. कहना
4. बोलचाल का जोश
5. चरित्र का ठंडापन
6. हिल, डर
7. कांटा

न शोख़ियों से न संजीदगी से मिलती हैं
वो लज़्ज़तें जो तिरी बरहमी[1] से मिलती हैं

नहीं ज़रूर क' कुरबत[2] हो वस्ल[3] का हासिल
क' दूरियां भी तो वाबस्तगी[4] से मिलती हैं

दिले-तबाह मिरी बात का ख़्याल न कर
मलामतें[5] भी तो हमदर्द ही से मिलती हैं

नक़ाबे-हुस्न को जलवों से मुख़्तलिफ़[6] न समझ
नज़र को दीद[7] की राहें इसी से मिलती हैं

जो दर्द-ओ-ग़म की तलब है सुनो *कलांम-ए-हफ़ीज़*
य' बख़्शिशें किसी महरूम[8] ही से मिलती हैं

1. गुस्से
2. समीपता
3. मिलन
4. संबंध
5. आरोप
6. अलग
7. दर्शन
8. वंचित

सितम की तेग़[1] य' कहती है सर न ऊंचा कर
पुकारती है बलन्दी क' ज़िन्दगी है इधर

मिरी जबी़[2] प' उभरने लगे नक़ूश-ए-गुरूर[3]
मिरे संवारने वाले मुझे तबाह न कर

कोई फ़रेब न खाए सफ़ेदपोशी से
न जाने कितने सितारे निगल गई है सहर

तु जौहरी है तो ज़ेबा[4] नहीं तुझे य' गुरेज़
मुझे परख, मिरी शुहरत का इन्तज़ार न कर

हफ़ीज़ कितने ही चेहरे उदास होने लगे
हमारे फ़न को सराहें बहुत न अहले-नज़र

1. तलवार
2. माथे
3. अभिमान के नक्श
4. उचित

बशर[1] से हो न सका दर्द-ए-ज़ीस्त[2] का दरमां[3]
बहुत वसीअ़[4] है कहने को आलम-ए-इमकां[5]

मैं सुन रहा हूं तिरी धड़कनें मगर ए दिल
ग़म-ए-जहां[6] से अलग तो नहीं ग़म-ए-जानां[7]

कुछ और ढूंढ रही है निगाह-ए-अहल-ए-नज़र
न गेसुओं[8] की घटाएं, न आरिज़-ए-ताबां[9]

य' हिलते कांपते कमज़ोर नातवां[10] तिनके
डुबो दिए इन्हीं तिनकों ने सैंकड़ों तूफ़ां

शगुफ्तगी भी है, तासीर भी, बसीरत[11] भी
पसन्द आई तुम्हारी ग़ज़ल *हफ़ीज़* मियां

1. इनसान
2. जिन्दगी के दर्द
3. इलाज
4. विस्तृत
5. संभावनाओं की दुनिया
6. दुनिया का ग़म
7. प्रेयसी का ग़म
8. जुल्फों
9. गालों की चमक
10. शक्तिहीन, बिखरे हुए
11. विवेक, वीज़न

तुम्हारा ख़ून बहा है जहां-तहां लोगो
मगर य' ख़ून न जाएगा रायगां[1] लोगो

खुदा का शुक्र क' महफ़िल में ज़िक्रे-दार[2] छिड़ा
हमें तो आने लगी थीं जमाहियां लोगो

लगी थी ठेस ही कुछ तेज़-ओ-तुन्द[3] लहजों की
बिखर के रह गईं शीशा मिज़ाजियां लोगो

जो चाहते हो क' तारीख़[4] ताबनाक[5] बने
मिला दो ख़ाक में अपनी जवानियां लोगो

वहीं-वहीं नज़र आया है सर-बलन्द *हफ़ीज़*
पड़ी है सर की जरूरत जहां-जहां लोगो

1. बेकार
2. फांसी के तख़्ते का ज़िक्र
3. तेज़ और कर्कश
4. इतिहास
5. रौशन, अच्छी

इससे पहले किस तरह उसको किसी क़ाबिल कहें
दर्द को दरमां[1] बना डाले तो दिल को दिल कहें

ज़ुल्म है य' भी सरासर य' भी इक तौहीन है
जाने-महफ़िल को अगर हम रौनक़े-महफ़िल कहें

एक ठोकर की हक़ीकत कुछ नहीं यूं तो मगर
खोल दे आंखें तो सारी उम्र का हासिल कहें

एक तो कश्ती डुबो दी नाखुदा[2] ने और फिर
इस प' उतरा है क' हम गिरदाब[3] को साहिल[4] कहें

भर न आए जो किसी की बेकसी पर ए *हफ़ीज़*
उसको कैसे आंख कह दें, उसको क्योंकर दिल कहें

1. दवा, इलाज
2. नाविक
3. भंवर
4. किनारा

जुर्म क्या संगीन ऐसा हो गया इनसे कोई
पत्थरों से तोड़ता फिरता है आईने कोई

आज खुद अपनी ग़रज़ से उसके घर जाता हूं मैं
कल बुलाता रह गया मुझको मुहब्बत से कोई

कितने चेहरों की बशाशत[1] का है इस पर इनहिसार[2]
मेरी मस्नूई[3] खुशी की क़द्र क्या जाने कोई

यूंही मत कर लीजिए एहसान के तौहफे क़बूल
जाने किस एहसान के बदले में क्या मांगे कोई

जान तक दे दी वफ़ा की राह में हम ने *हफ़ीज़*
क्या करें फिर भी अगर हमको न पहचाने कोई

1. रौनक़
2. आश्रय
3. बनावटी

नज़र प' क्यों हैं मनाज़िर[1] गरां[2] नहीं मालूम
य' रौनक़ें हैं क' वीरानियां नहीं मालूम

ख़िरद[3] की बात प' हंसकर गुज़र भी जा ए दिल
ख़िरद को फ़र्क़-ए-यक़ीन-ओ-गुमां[4] नहीं मालूम

तमाम राह लहू में है ग़र्क़ ए मंज़िल
कहां तक आए थे सूद-ओ-ज़ियां[5] नहीं मालूम

ख़बर नहीं क' गिरे हैं कहां-कहां आंसू
किधर-किधर से उठेगा धुआं नहीं मालूम

हफ़ीज़ हम तो रवाना हुए ख़ुदा-*हाफ़िज़*
क़दम उठाएगा कब कारवां नहीं मालूम

1. दृश्य
2. भारी
3. अक्ल
4. यकीन और गुमान के बीच का फर्क
5 लाभ और हानि

हटा-हटा के मक़ामाते-ईन-ओ-आं[1] से मुझे
क़रीब कर दिया दिल ने उस आस्तां[2] से मुझे

हयात-ओ-मौत[3] करिश्मे हैं उनकी शोख़ी के
कभी यहां से पुकारा कभी वहां से मुझे

जो उनके मुहं से झड़े थे वो फूल रोक लिए
गिला रहेगा य' दामाने-कहकशां[4] से मुझे

फ़राज़े-नाज़,[5] नशेबे-नियाज़[6] सतहे-गुदाज़[7]
तबाहियों ने पुकारा कहां कहां से मुझे

य' पुरख़ुलूस फ़ज़ाएं कहां मिलेंगी *हफ़ीज़*
उठा न अहले-मुहब्बत के दरमियां से मुझे

1. इधर–उधर के मुकाम से
2. द्वार
3. ज़िन्दगी और मौत
4. आकाशगंगा के दामन
5. नाज़ की उंचाइयों
6. विनम्रता की गहराइयों
7. गुदगुदी अर्थात ऐशो आराम की सतह

हाय इस दूरी-ए-मंज़िल प' य' अंदाज़े-ख़िराम[1]
कारवां मौज-ए-रवां, सैल-ए-रवां हो जाता

य' भी अच्छा हुआ तुझ पर न खुला राजे-हयात[2]
सांस कहते हैं जिसे नश्तरे-जां[3] हो जाता

मिट गया बाग़ से नामूसे-खुदी[4] की ख़ातिर
गुल कहां रहता जो हमरंगे-ख़िज़ां[5] हो जाता

इक तरफ मौत है इक सम्त[6] है तौहीने-हयात[7]
हां तो फिर फैसल-ए-सूद-ओ-ज़ियां[8] हो जाता

जौहरे-फ़न भी कोई शय[9] थी नुमाइश की *हफ़ीज़*
तुम अयां[10] करते न करते य' अयां हो जाता

1. चलने का अंदाज़
2. ज़िन्दगी का राज़
3. जान के लिए चीर फाड़ की छुरी बन जाता
4. आत्मसम्मान
5. पतझड़ के ढ़ंग में मिल जाता
6. तरफ
7. जीवन की बेइज्जती
8. लाभ–हानि
9. चीज़
10. ज़ाहिर

अपनी आंखों से लहू अपना जिगर देख लिया
जो कुछ आया तिरी महफ़िल में नज़र देख लिया

एक बार आया था तामीरे-नशेमन[1] का ख़्याल
हर तरफ सिलसिला-ए-बर्क़-ओ-शरर[2] देख लिया

इतना ही जानिए इस दौर में मफ़हूमे-सुकुं[3]
जान सी आ गई जब दोश[4] प' सर देख लिया

जगमगाने लगे ज़र्रे तो सितारे न रहे
तेरा अंधेर भी ए नूर-ए-सहर[5] देख लिया

य' दिल-ओ-जान तो इक जाम की क़ीमत भी नहीं
हाय क्या होगा जो साक़ी ने इधर देख लिया

1. घर बनाना
2. आग और बिजली का सिलसिला
3. सुकून का अर्थ
4. कांधो
5. सहर की रौशनी

हुआ क़द्रदां इसक़दर तो ज़माना
क' जिसकी सिपर[1] हूं उसी का निशाना

न पड़ माज़ी-ओ-हाल[2] की उलझनों में
सदाक़त[3] नहीं है असीरे-ज़माना[4]

बहुत इस से ऊंची है परवाज़[5] मेरी
मैं हरगिज़ नहीं बन्द-ए-आब-ओ-दाना[6]

कोई मरहला हो, कोई मा'रका हो
नज़र आरिफाना,[7] क़दम ग़ाज़ियाना[8]

हफ़ीज़ इसमें किरदार की झलकियां हैं
नहीं शायरी य' फ़क़्त शायराना

1. ढाल
2. पूर्व और वर्तमान
3. सच्चाई
4. जमाने की क़ैद
5. उड़ान
6. केवल पानी और दाने की ख्वाहिश करने वाला व्यक्ति
7. जानकारी भरी
8. बहादुरी भरी

आख़िरश[1] चोट खा गई दुनिया
अपनी ही ज़द में आ गई दुनिया

आदमी ने कब आंख खोली है
आह जब मिट मिटा गई दुनिया

हम अभी जुर्म भी समझ न सके
फ़ैसला भी सुना गई दुनिया

रात को रात कह दिया मैंने
सुनते ही बौखला गई दुनिया

किसने समझा है मेरे ग़म को *हफ़ीज़*
गुद गुदाकर रूला गई दुनिया

1. आख़िरकार

रंज-ओ-राहत का वो यूं मफ़हूम[1] समझाने उठे
राह में कांटे बिछाकर फूल बरसाने उठे

ज़र्फ़-ए-साक़ी ही न जब देखा तो फिर क्या बैठते
आंसुओं से भरके हम आंखों के पैमाने उठे

आज की बदहाल दुनिया के भी दिन फिर जांएगे
ए मौररिख़[2] हम अगर तारीख़[3] दोहराने उठे

ग़मगुसार[4] आएं न आएं बज़्म बरपा हो न हो
दिल जलों से दिल जले कह सुन के अफ़साने उठे

अब खुदा हाफ़िज़ मता-ए-दीन-ओ-दानिश[5] का *हफ़ीज़*
वाइज़-ए-कजफहम[6] भी तक़रीर फ़रमाने उठे

1. अर्थ
2. इतिहासकार
3. इतिहास
4. दिलासा देने वाले
5. दीन और अक्ल की चीजें
6. टेढ़ी सोच का वक्ता

खींच कर बाज़ार में शुहरत के ले आया मुझे
आह मेरा क़द्रदां भी कब समझ पाया मुझे

मैंने किस दर पर अक़ीदत से जबींसाईं न की
कौन से दर ने हिक़ारत से न ठुकराया मुझे

जुर'अते-अर्ज़-ए-तमन्ना[1] पर मसररत[2] भी हुई
साथ ही खुद्दारियों पर रहम भी आया मुझे

य' भी क्या ए ग़मगुसारो[3]! मुझ से छिन जाने को है
ज़िन्दगी पर आज इतना प्यार क्यों आया मुझे

चारासाज़ी[4] क़ी तो फ़ुरसत किसको है लेकिन *'हफ़ीज़'*
दोस्तों का तर्ज़-ए-दिलजोई[5] पसन्द आया मुझे

1. इच्छा को व्यक्त करने की हिम्मत
2. खुशी
3. तसल्ली देने वालों
4. इलाज करने
5. दिलासा देने का अंदाज़

कोई भी पेश नहीं आता मेहरबां की तरह
जहां में हूं क़िसी नाख़ान्दा[1] मेहमां की तरह

य' वाजबी से सहारे न काम आएंगे
हमें उठाए कोई नाज़े-दोस्तां की तरह

मैं अपने दौर की रूदादे-बरबरइयत भी
सुना रहा हूं मुहब्बत की दास्तां की तरह

मताए-आख़िरे-शब[2] हैं बचे खुचे तारे
बिसाते-चर्ख़[3] पड़ी है लुटी दुकां की तरह

हमारा जज़्बा-ए-तामीर देख ले दुनिया
सजा रहे हैं क़फ़स[4] को भी आशियां[5] की तरह

1. बिन बुलाए
2. रात के अंतिम पहर मे चीज़े
3. आसमान की बिसात
4. कैद
5. घर

क्या जाने क्या सबब[1] है क' जी चाहता है आज
रोए ही जाएं सामने तुम को बिठाके हम

अब इन्तहा-ए-ज़ब्त[2] ने दिल में लगाई आग
बैठे थे आंसुओं की बग़ावत दबाके हम

कैसा ख़्याल, किसकी मुहब्बत, कहां का इश्क़
यूं ही झिझक गए थे तिरे पास आके हम

सच है कभी की रात बड़ी ओ'र कभी के दिन
जाते हैं तेरे हाथ से दामन छुड़ाके हम

◆ ◆ ◆

रफ़्ता-रफ़्ता और भी पाबन्दियां हट जाएंगी
मुहतसिब[3] के शहर में शीशागरी होने लगी

1. वजह
2. बर्दाश्त की अति
3. सेंसर

हुस्ने-जुनूं-नवाज़ का पाया जो इल्तिफ़ात[1]
मस्ती में आके मौत से टकरा गई हयात[2]

ए महवे-इन्तिज़ार[3]! सितारे नहीं हैं य'
हंसती है तेरी सादा-दिली पर अंधेरी रात

बेमहरयां बढ़ी हैं ज़माने की जिस क़दर
उतनी ही याद आयीं हैं उनकी नवाज़िशात[4]

तय कीजिएगा दार[5] प' कहना है क्या *हफ़ीज़*
इक बुज़दिली की बात है इक मर्दुमी[6] की बात

♦ ♦ ♦

ए जबर आज फैसला करके उठेंगे हम
झुक जाएं तेरे सामने या सर कशी करें

1. तवज्जो, महरबानी
2. ज़िन्दगी
3. प्रतीक्षा में डूबे हुए
4. महरबानियां
5. फांसी के तख्ते पर
6. बहादुरी

किस जगह बैठें भला हम चैन से आराम से
कोई गोशा[1] भी नहीं ख़ाली तुम्हारे दाम[2] से

ए घटा कहियो सलामे-शौक़ ख़ास-ओ-आम से
मयकशों[3] से, मय से, साक़ी से, सुबू[4] से, जाम से

हिल गया मस्तों की हा-ओ-हू से मयख़ाना मगर
एक क़तरा भी नहीं छलका किसी के जाम से

कौन कहता है हमारे दोस्तों में था *हफ़ीज़*
क्या तअल्लुक़ हमको उस बरबाद से नाकाम से

• • •

अल्लाह रे बहार की य' चीरादस्तियां
दामन यहां मिले तो गिरेबां वहां मिले

1. कोना
2. जाल
3. शराबियों
4. शराब का मटका

हौसलों को धमकियां देती हुई मौजें मिलीं
फिर वही रहज़न नज़र आए वही राहें मिलीं

और क्या मिलता हमें इस दौर के अहबाब[1] से
दिल शिकन फ़िक़रे मिले, ताने मिले, चोटें मिलीं

आ गया जब सामने तक़दीर का लिक्खा हुआ
सब जला डालीं तिरी जितनी भी तहरीरें मिलीं

सब हमारी ख़ैरख़्वाही[2] के अलमबरदार[3] थे
सब के दामन पर हमारे ख़ून की छींटें मिलीं

• • •

इधर आ, आज तुझसे राज़े–सोज़ो–साज़[4] भी कह दूं
रगों में ख़ून, दिल में दर्द पैदा कर लिया मैंने

1. दोस्तों
2. भलाई
3. झंडा लिए हुए
4. साज़ के दर्द का राज़

अब सूए–शहर जाए[1] क' सहरा का रूख़ करे
हमने तो दिल को छोड़ दिया उसके हाल पर

उनकी जबीने-नाज़[2] प' जिससे शिकन पड़े
पाबन्दियां हैं आज हर ऐसे ख़्याल पर

क्यों बार बार देखते हैं आप आइना
क्या शक है आपको मिरे ज़ौक़े-जमाल[3] पर

पहुंचा है जिन के हाथों से इस हाल को *हफ़ीज़*
आंसू बहा रहे हैं वही उसके हाल पर

♦ ♦ ♦

ख़िज़ां[4] के ख़ौफ से फूलों ने शक्लें तक बदल डालीं
इधर रंगे-क़बा[5] कुछ और गहरा कर लिया मैंने

1. शहर की तरफ
2. नाज करने लायक माथे पर
3. सुन्दरता के शौक
4. पतझड़
5. गाऊन का रंग

असीरों[1] के लिए सौग़ात होगी
हमें कांटे ही भिजवा दो चमन से

वतन से दूर यूं लगता है जैसे
कोई आवाज़ देता हो वतन से

ज़माना आप हो जाएगा वाक़िफ़[2]
हमारी शख़्सियत से फ़िक्र-ओ-फ़न से

हफ़ीज़ इसमें किसी का क्या इजारा
हुआ गर शैख़[3] बैअत बरहमन से

♦ ♦ ♦

अब अपने जेबो–गिरेबां का क्या सवाल रहा
जुनूं का हाथ बटाने को खुद बहार आई

1. कैदियों
2. परिचित
3. मुल्ला

जानकर भी आज साक़ी ने नहीं जाना हमें
वक़्त आएगा क' पहचानेगा मयख़ाना[1] हमें

ज़िन्दगी भी हम न लेंगे बेअदब के हाथ से
क़त्ल भी मंजूर है अपना शरीफ़ाना हमें

आग हम घर को लगाकर शह्‌र से निकले तो हैं
य' भी मुमकिन है क' अपनाए न वीराना हमें

तालिबे-लुत्फोकरम हो जब कोई अहले-हवस
साक़ी-ए-महफ़िल नज़रअंदाज़ कर जाना हमें

मर्सियों[2], सहरों, क़सीदों के तक़ाज़े हैं *हफ़ीज़*
क़द्रदानों ने हमारे ख़ूब पहचाना हमें

1. शराबखाना, दुनिया
2. शोक–गीतों

इसी में कुछ फ़िराक़े-यार[1] की घड़ियां गुज़र जातीं
कहां हैं? आज नासह[2] भी तो समझाने नहीं आए

गुलों से दाग़, कांटों से ख़लिश लेने को आए हैं
गुलिस्तां में हम अपने दिल को बहलाने नहीं आए

अभी क्या है कल इक-इक बूंद को तरसेगा मयख़ाना[3]
जो अहले-ज़र्फ[4] के हाथों मे पैमाने नहीं आए

जमूदे-ज़िन्दगी[5] में बे पीए हिलना भी मुश्किल था
जिहादे-ज़िन्दगी[6] में याद मयख़ाने नहीं आए

गले मुझको लगाकर वो किसी का नाज़ से कहना
"*हफ़ीज़*-ए-बेवफ़ा हम तुझको अपनाने नही आए"

1. प्रेयसी से जुदाई
2. उपदेशक
3. शराबखाना
4. चरित्रवानों
5. जीवन के ठहराव
6. जीवन के संघर्ष

वो खुद बड़ा था मगर दिल बड़ा न था उसका
मुझे मिला जो समन्दर सराब[1] जैसा था

टली है सर से नहूसत ख़ुदा-ख़ुदा करके
य' दौरे-ऐश-ए-फरावां अज़ाब जैसा था

शरीके-बज़्म था लेकिन नज़र झुकाए हुए
वो बेहिजाब[2] न था, बेहिजाब जैसा था

अजीब उसकी मुलाक़ात ने असर छोड़ा
सहर का रंग शबे-माहताब[3] जैसा था

हमारे आगे न कीजे *हफ़ीज़* की ता'रीफ़
हमें ख़बर है वो ख़ाना ख़राब जैसा था

1. मृगतृष्णा
2. बेपर्दा
3. चांदनी रात

ख़ता है किसकी? अगर बेवक़ार[1] गुज़रे हैं
वो होके अपनी अना[2] का शिकार गुज़रे हैं

हंसी न आई हंसाने से ग़म के मारों को
तबीअतों प' लतीफ़े भी बार[3] गुज़रे हैं

घरों से ता-दर-ए-ज़िन्दां[4] वहां से मक़तल[5] तक
हर इम्तिहां से तिरे जांनिसार[6] गुज़रे हैं

य' क्या मक़ाम है ए अहले-आगही जिससे?
जुंनू की खाके क़स्म होशियार गुज़रे हैं

हफ़ीज़ तू जिन्हें जाने-वफ़ा बताता था
तिरे क़रीब से बेगानावार गुज़रे हैं

1. बेइज़्ज़त
2. अहंकार
3. भारी
4. जेल के दरवाजे तक
5. मरघट
6. जान न्यौछावर करने वाले

हर सुकूं की तह में सौ आतिशफिशां[1] रखता हूं मैं
ज़ब्त का इक रूख़ नुमायां[2] इक निहां[3] रखता हूं मैं

ए परस्तारान-ए-नग़मा[4]! छोड़कर तार-ए-रबाब[5]
आज कुछ दुखती रगों पर उंगलियां रखता हूं मैं

आज तक गुज़री अजल[6] की आरज़ू में ज़िन्दगी
ज़िन्दगी से आज भी दिलचस्पियां रखता हूं मैं

हेच[7] हैं मेरी नज़र में आशियान-ओ-गुलस्तिां[8]
आदमी हूं अज़्म-ए-तामीर-ए-जहां[9] रखता हूं मैं

अब भी वो अपना समझकर मुझको अपना लें *हफ़ीज़*
कौन जाने वरना फिर य' सर कहां रखता हूं मैं

1. ज्वालामुखी
2. प्रकट
3. छिपा
4. गीत पंसद करने वालों
5. वह बाजा जिसमें तार होते हैं
6. मौत
7. बेकार
8. घर और बाग़
9. दुनिया के निर्माण का इरादा

हमारा रास्ता जिसने भी रोका
उसे शाबाशियां दी रहनुमा ने

सितम को वो करम साबित करेंगे
ज़हानत[1] उनको बख़्शी है खुदा ने

कहो कुछ तो कहो, ख़ामोश क्यों हो ?
बहुत हैं बेवफ़ाई के बहाने

नहीं लेते ग़रीबों के सलाम अब
उन्हें चौंका दिया है इल्तिजा[2] ने

वो देखो आ गए रहबर हमारे
हमें आदाबे-मज़लूमी[3] सिखाने

1. बुद्धि, विवेक
2. प्रार्थना, गुज़ारिश
3. पीड़ित रहने के तरीके

हंसी-हंसी में तुम्हारे जो वार होते हैं
सितमगरी के वही शाहकार होते हैं

सुनाई फिर नहीं देती ज़मीर की आवाज़
दिलों प' जब सर-ओ-सामां सवार होते हैं

यही हुआ है क' अंदर से दाग़-दाग़ मिले
वो, देखने में जो बाग़-ओ-बहार होते हैं

ज़लील करते हैं खुद तबसरा-निगारों[1] को
वो तबसरे[2] जो फ़क्त इश्तिहार[3] होते हैं

क़यास[4] कीजिए कितना बुरा ज़माना हैं
हफ़ीज़ जी भी भलों में शुमार होते हैं

1. कमेंटेटरस
2. कमेंटरी
3. विज्ञापन
4. अनुमान

कौन कहता है क' महरूमी[1] का शिकवा न करो
हां मगर साक़ी-ए-मयख़ाना को रूसवा[2] न करो

एक भी लफ़्ज़ हटाने की नहीं गुंजाइश
मेरे पैग़ामे-मुहब्बत का ख़ुलासा न करो

य' ताल्लुक़[3] की ख़राशें भी मज़ा देती हैं
रूठ जाए कोई तुम से तो मनाया न करो

अब मैं ख़्वाबों से हक़ीक़त की तरफ जाता हूं
मेरे अरमानों की लाशो मिरा पीछा न करो

आज भी मैं नहीं इन्सान से मायूस क' जब
लोग कहते हैं खुदा पर भी भरोसा न करो

1. वंचित रहने का
2. बदनाम
3. संबंधों

य' कमाले-सादगी है क' मक़ामे-बेनियाज़ी[1]
मिरा खेल संगबारी,[2] मिरा काम शीशासाज़ी

कोई होश से गुरेज़ां,[3] कोई जोश से गुरेज़ां
वो जुनूं की हीलासाज़ी,[4] य' ख़िरद[5] की हीलासाज़ी

तिरी लाश ख़ूं से रंगीं, तिरी तेग़[6] ख़ूं से रंगीं
बाईं वाक़िआत[7]-ए-ख़ूनीं, न शहीद तू न ग़ाज़ी[8]

मैं क़दामतों[9] से तौबा तो हज़ार बार कर लूं
मगर इस जदीदयत[10] का कोई वस्फ़-ए-इम्तियाज़ी[11]?

कभी फख़रे-मयकदा[12] थे जो वही *हफ़ीज़ साहब*
सर-ए-बज़्म[13] देने आए हमें दर्स-ए-पाकबाज़ी[14]

1. जहां इच्छा नहीं रहती
2. पत्थर मारना
3. संकोच
4. बहानेबाजी
5. अक़्ल
6. तलवार
7. धटनाओं
8. विजयी योद्धा
9. रिवायतों, परम्पराओं
10. आधुनिकता
11. अलग या निराला गुण
12. जिस पर शराबखाना गर्व करे
13. भरी महफ़िल में
14. नैतिकता का पाठ

जनाबे-शैख़ से आदाब छूटे पारसाई के
मुसलमानों में चर्चे हैं तिरी काफ़िर-अदाई के

बड़े लोगों को जाने क्यों बुरा महसूस होता है
नज़र आते हैं जब आसार छोटों में बड़ाई के

हमारा ज़ौक तो देखो, हमारा ज़र्फ़ तो देखो
हम अपने आपको देते हैं ता'ने बेवफाई के

वो तूफ़ां सर झुकाकर आप हट जाते हैं राहों से
जो तेवर देख लेते हैं तुम्हारी नाख़ुदाई के

हफ़ीज़ अब वो मिरी हक़गोई पर तनक़ीद[1] करते हैं
मिरे अहबाब[2] को दावे थे मेरी हमनवाई के

1. आलोचना
2. दोस्तों

वो तर्ज़-ए-सुख़न[1] मेरा ज़रीफ़ाना[2] समझकर
हंसते रहे शिकवे को भी शिकवा न समझकर

अपने जो बहुत ख़ास थे दुश्मन से मिले थे
हम हार गए जंग का नक़्शा न समझकर

हलका सा य' इक फ़र्क़ दिलों में जो पड़ा है
पछताओगे इस ज़ख़्म को गहरा न समझकर

घर ही में लिए बैठे रहे अपना हुनर हम
इस जिन्स[3] को बाज़ार का सौदा न समझकर

य' अपनी नई नस्ल *हफ़ीज़* आप की बातें
सुन लेती है इरशादे-बुजुर्गाना[4] समझकर

1. काव्य शैली
2. हास्य व्यंग
3. चीज़
4. बूढ़ों की बातें

उफ़ रे शिकायत-ए-जफ़ा,[1] वाह रे शिकव-ए-सितम
हंसते रहे हुज़ूर में, रो दिए दूर जाके हम

दस्त-ए-हवस[2] में सैफ़[3] हैं, जहल[4] के हाथ में क़लम
मा'रक-ए-हयात[5] में रह गए ख़ाली हाथ हम

हाय य' क्या मक़ाम है, हाय य' क्या निज़ाम[6] है
इश्क़ की आस्तीं भी नम, हुस्न की आस्तीं भी नम

ऐसा भी इनक़लाब क्या, शैख़ तुम्हें य' क्या हुआ
रूख़ तो है सूए-बुतकदा,[7] पुश्त[8] है जानिब-ए-हरम[9]

शायद उसी तरफ से कुछ, लुत्फ़ में हो गई कमी
जानिबे-कुए-दोस्त[10] जो आज न उठ सके क़दम

1. हिंसा की शिकायत
2. हवस परस्त के हाथ
3. तलवार
4. जाहिल
5. जिंदगी के मार्के में
6. व्यवस्था
7. मंदिर की तरफ
8. पीठ
9. मस्जिद की तरफ
10. दोस्त की गली की तरफ

किसी जबीं[1] पर शिकन नहीं है कोई भी मुझसे ख़फ़ा नहीं है
बग़ौर[2] मेरा पयाम[3] शायद अभी जहां ने सुना नहीं है

सफ़ीन-ए-अहदे-नौ[4] प' छाया हुआ है बहरूपियों का लश्कर
यहां हर इक नाख़ुदा-नुमा[5] है मगर कोई नाख़ुदा[6] नहीं है

ख़्याल के देवता भी झूठे अमल के सब सूरमा भी झूठे
ख़िरद[7] भी फ़रियाद-रस नहीं है जुनूं भी मुश्किलकुशा[8] नहीं है

हर एक मयकश[9]. के ज़र्फ़[10] से बाख़बर है कितनी निगाह-ए-साक़ी
किसी को है हुक्मे-जांनिसारी,[11] किसी को इज़्ने-वफ़ा[12] नहीं है

कहां का शाइर खुदा-ए-शेर ओ-सुख़न[13] भी हम उसको मान लेते
हफ़ीज़ में य' बड़ी कमी है क' बन्द-ए-ख़ुदनुमा[14] नहीं है

1. माथे
2. ग़ौर से
3. पैग़ाम
4. नये दौर की कश्तियां
5. नाविक जैसा
6. नाविक नहीं
7. अक़्ल
8. मुश्किल दूर करने वाला
9. शराबी
10. चरित्र
11. जान कुरबान करने का आदेश
12. वफ़ा की इज़ाज़त
13. कविता का ईश्वर
14. स्वंय का विज्ञापन करने वाला

तेरी मुक़द्दस[1] याद बख़ैर लाख हो दौरे-हिरस-ओ-आज़
अहदे-वफ़ा ने रोक लिया जब भी हवस ने दी आवाज़

कोई कहां तक जानेगा, कोई कहां तक समझेगा
हर क़तरा बहरे-असरार,[2] हर ज़र्रा दुनिया-ए-राज़

लाल नहीं है किसका मुंह इस दौरे-ख़ुंख़ारी में
जैसे जिसके बाज़ू हैं वैसी ही उसकी परवाज़[3]

बुलबुल के नग़्मों प' न जा, गुल की रंगीनी मत देख
मेरा फ़साना मुझसे सुन, मैं खुद हूं अपनी आवाज़

बज़्म-ए-तरब[4] में आज ज़रा हम भी हुए थे नग़्मा-सरा[5]
लेकिन ऐसी चीख़ों की साज़ से क्या मिलती आवाज़

1. पवित्र
2. भेदों का समन्दर
3. उड़ान
4. खुशी की महफिल
5. गीत गाने वाला

सोज़[1] न हो तो साज़े-हयात[2]
बस इक रूखी फीकी बात

जल उठ, जल उठ शम्ए-यक़ीं[3]
रात है और अंधेरी रात

आह य' हुस्न की नायाबी
उफ़ य' जलवों की बहुतात

उनका खेल दिलाज़ारी[4]
और मिरे नाज़ुक जज़्बात

जान हथेली पर रख ले
कहनी है गर सच्ची बात

1. गर्मी, उमंग
2. ज़िन्दगी का साज़
3. यकीन की शम्अ
4. दिल दुखाना

बेसहारों का इन्तिज़ाम करो
यानी इक और क़त्ल-ए-आम करो

ख़ैरख़्वाहों का मशवरा य' है
ठोकरें खाओ ओ'र सलाम करो

दबके रहना हमें नहीं मंज़ूर
ज़ालिमो जाओ अपना काम करो

सर-फिरों में अभी हरारत है
इन जियालों का एहतराम[1] करो

ख़्वाहिशें जाने किस तरफ ले जाएं
ख़्वाहिशों को न बेलगाम करो

1. इज़्ज़त

मेज़बानों में हो जहां अनबन
ऐसी बस्ती में मत क़याम[1] करो

आप छूट जाएंगे हवस वाले
तुम ज़रा बेरूख़ी को आम करो

बद्‌दुआ दे के चल दिया वो फ़क़ीर
कह दिया था क' कोई काम करो

य' हुनर भी बड़ा ज़रूरी है
कितना झुककर किसे सलाम करो

सांप आपस में कह रहे हैं *हफ़ीज़*
आस्तीनों का इन्तिज़ाम करो

1. ठहराना

जाने क्या शय[1] है वो नज़र भी
वज्ह-ए-सुकूं[2] भी, ग़ारतगर भी

कांटा-कांटा राह-ए-वफ़ा का
राहत-ए-दिल भी जान-ए-जिगर भी

इश्क़ न जब तक रूह-ए-रवां हो
दिल भी है बेकार, नज़र भी

उफ़ कितनी बेदर्द है दुनिया
हंसती है चीख़ें सुनकर भी

अक़्ल के एहसानात मुसल्लम[3]
अक़्ल है लेकिन ग़ारतगर भी

1. चीज़
2. सुकून का कारण भी
3. माने हुए

उसमें कुछ लुत्फ़ न आया जो बहारों में कटी
वो मज़ा दे गई जो ज़िंदगी ख़ारों[1] में कटी

आस्तीनों में छिपाए हुए ख़ंजर थे यही
दुश्मनों में नहीं गर्दन मिरी यारों में कटी

ज़िंदगी को बड़ी उम्मीदें हैं मुस्तक़बिल[2] से
वो सितारों प' भी गुज़रेगी जो ग़ारों[3] में कटी

य' है अपना, य' पराया है, य' दुश्मन है, य' दोस्त
उम्र इन्सान की ऐसे ही हिसारों[4] में कटी

ऐश सामानियां क्या जाने किधर ले जातीं
ख़ैर गुज़री क्' *हफ़ीज़* अपनी गुज़ारों में कटी

1. काटों
2. भविष्य
3. गुफाओं
4. घेराबंदियों

हम तवज्जो के स़ज़ावार न थे
सीधे साधे थे अदाकार न थे

हमसे क्यों बचके ज़माना गुज़रा
हम कोई संग[1] न थे ख़ार[2] न थे

इसलिए गिर गए नज़रों से तिरी
हम तिरे हाशियाबरदार[3] न थे

इनको तो चारागरों[4] ने मारा
इतने बीमार य' बीमार न थे

देखते रह गए हक़दार सभी
ले उड़े चन्द जो हक़दार न थे

1. पत्थर
2. कांटा
3. चापलूस, पिछलग्गू
4. इलाज करने वालों

बात मंसब[1] से न दौलत से बनी
क्योंकि हम साहिब-ए-किरदार न थे

पास आकर भी कोई क्या लेता
हम कोई साया-ए-दीवार न थे

ख़ौफ़-ए-रूसवाई[2] से पीछा छूटा
दश्त[3] में कूचा-ओ-बाज़ार[4] न थे

मोल पानी के बिका ख़ून-ए-जिगर
मुतमइन[5] फिर भी ख़रीदार न थे

हम थे रिन्दों[6] के भी ग़मख़्वार[7] *हफ़ीज़*
य' अलग बात क' मयख़्वार[8] न थे

1. ओहदा
2. बदनामी के डर से
3. रेगिस्तान
4. गली और बाज़ार
5. संतुष्ट
6. शराबियों
7. दिलासे देने वाले
8. शराबी

अंधेरों से डरे क्यों दिल हमारा
बहुत रौशन है मुस्तक़बिल[1] हमारा

शहीद-ए-जुस्तजू[2] होकर तो देखें
पता पूछेगी ख़ुद मंज़िल हमारा

न देखेंगे चमन बर्बाद होते
क' इसमें ख़ून है शामिल हमारा

ज़रूरी है कफ़न-बरदोश[3] रहना
वतन है कूच-ए-क़ातिल[4] हमारा

ज़मीरों को चुभन बख़्शी है हमने
असर होता नहीं ज़ाइल[5] हमारा

1. भविष्य
2. तलाश
3. कफ़न डाले कंधे पर
4. क़ातिल की गली
5. बेकार

हमारी मोतरिफ़[1] दिल से क़दामत
दिमाग़-ए-असर-ए-नौ[2] क़ाइल हमारा

कहीं ज़ख़्मी हैं हम तेग़-ए-सितम[3] के
कहीं क़ातिल है खुद बिसमिल[4] हमारा

बदी[5] से बरसर-ए-पैकार[6] हैं हम
हदफ़[7] है हर जगह बातिल[8] हमारा

हमें रोकेगी क्या दीवार-ए-तुहमत[9]
मुहररिक[10] है ख़ुलूस-ए-दिल हमारा

हमारे आंसुओं को, इलतिजा[11] को
तरसता रह गया क़ातिल हमारा

1. मान लेना
2. नये दौर का दिमाग़
3. सितम की तलवार
4. पीड़ित
5. बुराई
6. जंग लड़ रहे
7. निशाना
8. झूठ
9. आरोपों की दीवार
10. तहरीक पैदा करने वाला
11. गुज़ारिश

तख़रीब[1] की ज़द में जब तामीर[2] नज़र आई
तदबीर-परस्तों[3] को तक़दीर नज़र आई

हमको तो उठा लाई उस बज़्म से ख़ुद्दारी
जब उनकी तवज्जो में ताख़ीर[4] नज़र आई

अल्फ़ाज़ के फूलों ने नश्तर की चुभन दी है
लहजे में ज़रा भी जब तहक़ीर[5] नज़र आई

सादा सी मिरी बस्ती जो हुस्न से आरी है
परदेस से लौटा तो कश्मीर नज़र आई

मचले हैं *हफ़ीज़* अपने अरमान असीरी[6] के
जब कोई क़रीने की ज़ंजीर नज़र आई

1. तोड़फोड़
2. निर्माण
3. भाग. दौड़ करने वालों
4. देरी
5. अनादर
6. गिरफ्तारी

ख़ींच भी डालिए रग-रग से लहू
यूं प्यिाला न भरेगा साहिब

शौक़ से आप क़यामत ढाएं
कोई उफ़ तक न करेगा साहिब

बर्फ़ बन जाएंगे आख़िर सब लोग
बर्फ़ पर रक़्स[1] करेगा साहिब

मुझको मज़लूम[2] से डर लगता है
य' मुझे क़त्ल करेगा साहिब

• • •

ए साहिबे-उरूज तू बामे-उरूज से
सूरज के डूबने का नज़ारा न कीजिओ

1. नाच
2. पीड़ित

य' बात निराली दिल-ए-ख़ुद्दार करे है
तड़पे है मगर दर्द से इनकार करे है

दुनिया का य' अंदाज़ समझ में नहीं आता
देखे है हिक़ारत से कभी प्यार करे है

तस्लीम[1] उसे कोई भी दिल से नहीं करता
वो फैसला जो जबर[2] की तलवार करे हैं

उस दुश्मन-ए-इमां ने किया शैख़ प' जादू
काफ़िर जो कहे है वही दींदार[3] करे है

अब अपने भी साये का भरोसा नहीं यारो!
नज़दीक जो आए है वही वार करे है

1. स्वीकार
2. जबरदस्ती
3. ईमान वाल।

तक़रीर से मुमकिन है न तहरीर से मुमकिन
वो काम जो इन्सान का किरदार करे है

शर्माता हूं फ़नकार समझते हुए ख़ुद को
जब झूठी ख़ुशामद कोई फ़नकार करे है

य' नाचती गाती हुई इस दौर की तहज़ीब
क्या जानिए किस करब का इज़हार करे है

मांगे है *हफ़ीज़* और ही कुछ शेर का बाज़ार
कुछ और तलब शेर का मअ'यार करे है

• • •

न कारज़ारे जहां में, न ख़ानक़ाहों में
जनाबे-शैख़ कहीं आपका पता भी है?

इस दौर-ए-बेज़मीर में जीना सिखा दिया
हालात ने हमें भी मुनाफ़िक़[1] बना दिया

जब उसने मेरे फ़न का मुझे वास्ता दिया
इक नाम अपनी नज़्म से मैंने हटा दिया

जीने ही दे मुझे न वो मरने ही दे मुझे
ख़ंजर चला दिया कभी मरहम लगा दिया

फिर दाग़दार हो गया दामान-ए-गुलस्तिां
लो आज फिर किसी ने नशेमन जला दिया

देते फिरो सबूत-ए-वफ़ा अब जहां तहां
इल्ज़ाम बेवफ़ाई का उसने लगा दिया

1. ढोंगी

हथियार पहले अक़्ल ने ढाले नए-नए
दुनिया को फिर जुनूं का निशाना बना दिया

चिंगारियों को अब कोई पागल हवा न दे
शोला तो जैसे हो सका हमने बुझा दिया

मअ'यार-ए-ज़िन्दगी[1] को उठाने के शौक़ ने
किरदार पस्तियों से भी नीचे गिरा दिया

य' भी तो सोचिए कभी तन्हाई में ज़रा
दुनिया से हम ने क्या लिया? दुनिया को क्या दिया?

बर्बादियों से लेना है कुछ काम ए *हफ़ीज़*
यूं मरसिए[2] को हमने तराना बना दिया

1. जीवन के स्तर
2. शोक गीत

छेड़ दो दिल की दांस्तां लोगो
आप बंध जाएगा समां लोगो

मैंने इक़बाल-ए-जुर्म कर तो लिया
देर अब क्या है हुक्मरां लोगो

जुल्म थक कर सवाल करता है
क्यों नहीं मरते सख़्त जां लोगो

तब जमेंगे क़दम जज़ीरे में
जब जला दोगे कश्तियां लोगो

देख पाओगे क्या घरों के ज़ख़्म
रास्ते के रवां-दवां लोगो

हम अगर तर्क-ए-गुफ़्तगू[1] न करें
और बढ़ जाएं तलख़ियां[2] लोगो

जिनको अहल-ए-ख़िरद[3] का हाथ लगा
और उलझीं वो गुत्थियां लोगो

बात जब है क' फ़ासला न रहे
फ़िक्र और फ़न के दरमियां लोगो

खोए-खोए *हफ़ीज़* पाए गए
इम्तिहां फिर है इम्तिहां लोगो

• • •

राह रोके हुए ख़ुद राहनुमा बैठे हैं
अब कोई क़ाफ़ला गुज़रे तो किधर से गुज़रे

1. बात करनी बंद करना
2. कटुताएं
3. अक्लमंदों

ठिठक गई है हवस मसलहत के पास आकर
वफ़ा गुज़र भी गई तख़्त-ओ-ताज ठुकरा कर

उन्हें य' तन्ज़ के तीरों की तरह लगता है
सितमज़दों से न हंसकर मिज़ाज पूछाकर

न जाने चश्म-ए-इनायत[1] में क्या नज़र आया
ग़रीब रो दिया दामन को अपने फैलाकर

मुझे य' मशवरा ख़ुशहाल लोग देते हैं
ज़मीर बेच दे अपना, ख़ुदी का सौदा कर

फ़ज़ा प' छायी है मायूसियों की तारीकी[2]
मिरे यक़ीन! मिरी राह में उजाला कर

1. इनायत की निगाह
2. अंधेरा

य' लग़्ज़िशें[1] ही संभलना तुझे सिखा देंगी
क़दम-क़दम प' सहारों का मुंह न देखा कर

हयात[2] जिसकी अमानत थी उसको लौटा दी
मैं आज चैन से सोता हूं पांव फैला कर

हफ़ीज़ को भी है ताइद-ए-ज़ुल्म[3] की ताकीद[4]
य' लोग शम्अ' से कहते है तू अंधेरा कर

♦ ♦ ♦

वार मूज़ी प' हो तो कारी हो
चोट खाकर बिफर न जाए कहीं
पहले बेचारे पर सितम तोड़ा
अब य' डर है क' मर न जाए कहीं

1. डगमगाना
2. जीवन
3. ज़ुल्म की पुष्टि
4. दबाव

जानते हैं वो हक़ीक़त को छिपाकर रखना
क़त्ल करना जिसे इल्ज़ाम उसी पर रखना

हाकिम-ए-वक़्त प' जिस वक़्त मैं तनक़ीद[1] करूं
हाथ उस वक़्त न यारो मिरे मुंह पर रखना

उससे ख़ूंरेज़ी की लत भी नहीं छोड़ी जाती
तमग़ा-ए-अम्न[2] भी चाहे वो सितमगर रखना

ज़र-परस्तों[3] का तो इक खेल है किरदार कुशी
वास्ता इन से ज़रा सोच समझकर रखना

जाने कब मुंह से निकल जाए कोई काम की बात
रब्त हम ख़ाना-ख़राबों से बराबर रखना

1. आलोचना
2. अमन का मैडल
3. पूंजीपतियों

आज तस्वीर तो इक क़िस्सा-ए-पारीना[1] है
पास अपने मिरी आवाज़ के पैकर रखना

इससे ज़हनों की बलन्दी का पता चलता है
नाम ज़र्रों के तुम अपने महो-अख़्तर[2] रखना

ख़ून-ए-तक़वा[3] की कोई रिन्द न बू पा जाए
साक़िया अच्छी तरह जाम को धोकर रखना

आसमां इस से बहुत दूर है अज़मत का *हफ़ीज़*
आशियां फ़न का न शुहरत के शजर[4] पर रखना

◆ ◆ ◆

फूलों को तो सर ख़ूब चढ़ाता है ज़माना
है कोई जो कांटों को भी सीने से लगाए

1. पुराना किस्सा
2. चांद और तारे
3. धर्मनिष्ठा के ख़ून
4. पेड़

बेज़मीरों को बताने जाएं क्या
वो न समझेंगे उन्हें समझाएं क्या

आ गए वो आ गए अहल-ए-हवस
अब तिरी महफ़िल से हम उठ जाएं क्या

बाख़बर थे इश्क़ के अंजाम से
इश्क़ के अंजाम पर पछताएं क्या

इल्तिजाएं[1] तो कोई सुनता नहीं
अब ज़रा कुछ बेअदब हो जाएं क्या

आपके वादे बहुत बदनाम हैं
आपके वादों से दिल बहलाएं क्या

1. प्रार्थनाएं

बेअसा अपनी क़लीमी है तो हो
वक़्त के फ़िरओन से डर जाएं क्या

ख़ैर से मक़तल[1] में नक़्क़ारे भी हैं
दूर तक चीख़ें हमारी जाएं क्या

शैख़ क़ातिल को मसीहा कह गए
मुहतरम की बात को झुठलाएं क्या

छोड़कर दामान-ए-ख़ुद्दारी *हफ़ीज़*
अपनी नज़रों से भी हम गिर जाएं क्या

♦ ♦ ♦

रख लिया हाथ मिरा अपने धड़कते दिल पर
मैंने जब अहदे-वफ़ा के लिए इसरार किया

1. जहां क़त्ल किये जाते हैं

आज कुछ ऐसा तय पाया है हक़ के इजारादारों[1] में
हम पर जो ईमान न लाएं चुनवा दो दीवारों में

कौन सी है तस्वीर हमारी काश बतादे कोई हमें
चेहरों पर छाई है उदासी रौनक़ है बाज़ारों में

सूरज को दो देस निकाला, दिन का क़िस्सा पाक करो
बनते हैं ऐसे मन्सूबे रात के रिश्तेदारों में

ग़म भी इक एहसान है उसका, शुक्र कर ए दिल शिकवा क्या
ग़म तो हमारी रूह-ए-रवां है, हम नहीं ग़म के मारों में

राज़िक़[2] पर करते हैं भरोसा और न अपनी कोशिश पर
ख़ुशहाली को ढूंढ रहे हैं जो ख़ाली गहवारों में

1. ठेकेदारों
2. रिज़्क देने वाला खुदा

उसकी हां मे हां न मिलाई बस य' जुर्म हमारा है
वाइज़[1] ने शामिल कर डाला हमको भी मयख़्वारों[2] में

इक जाबिर[3] का मजबूरों ने ऐसे इस्तक़बाल किया
आ निकला हो कोई मसीहा जैसे दर्द के मारों में

हर ज़ालिम से टक्कर ली है सच्चे फ़नकारों ने *हफ़ीज़*
हम वो नहीं जो डर कर कह दें 'हम हैं ताबेदारों में

♦ ♦ ♦

इनक़लाब एक नया आ तो गया है लेकिन
देखना है क' य' तारीख़[4] को क्या देता है
क्या दिया आपने भूकों को फ़रेबों के सिवा
मेरा किरदार सलीबों को ग़िज़ा देता है

1. धर्म उपदेशक
2. शराबियों
3. ज़ालिम
4. इतिहास

मज़लूमों की आह-ओ-फ़ुग़ां पर बरहम क्यो हो जाते हो
शौक़ नहीं रोने का हमको, तुम ही तो रुलवाते हो

हम भी तो इन्सान हैं आख़िर, हम से य' नफ़रत कैसी ?
सबसे लिपट कर मिलने वालो, हमसे क्यों कतराते हो

हमसायों से, हमवतनों से लाशें पूछा करती हैं
प्यार की बातें करने वालो, क़ातिल क्यों बन जाते हो

पीते थे जब तक पीते थे, छोड़ी तो बस छोड़ ही दी
तुम भी बहकना छोड़ो यारो, हमको क्यों बहकाते हो

हम तो चलो जज़्बाती ठहरे अपनी कहो दानिशमंदो[1]
ठेस अना[2] को जब लगती है, तुम पागल हो जाते हो

1. अक्लमंदों
2. अभिमान

हमने तुम्हारे हाथों से भी सर प' कफ़न बंधवाया था
तुम भी सुर्ख़ सवेरे वालो दरबारी हो जाते हो

देखो य' पिन्दार-ए-तक़वा[1] ठीक नहीं है मौलाना!
शेर-ओ-अदब का ज़िक्र छिड़े तो चीं-ब-जबीं हो जाते हो

कोमल-कोमल ग़ज़लों में तूफ़ानों के पैग़ाम *हफ़ीज़*
मीठी-मीठी बातों से भी तुम तो आग लगाते हो

♦ ♦ ♦

आज ख़ुद्दारियों का भरम भी गया
महरबां से जो कहना न था कह दिया
इस क़दर मुझसे बरहम वो क्यों हो गए
आख़िर ऐसा उन्हें मैंने क्या कह दिया

1. धर्मनिष्ठा पर गर्व

जाने कितने हंगामों की इस में समाई होती है
सन्नाटे की गहराई भी क्या गहराई होती है

हमने दिल के दाग़ छिपाए मुस्कानों के फूलों से
सुन रक्खा था चेहरे से भी ग़म-पैमाई होती है

अपने आप से क्या मिल पाते ऐसे भीड़-भड़क्के में
उम्र इसी उम्मीद में गुज़री अब तन्हाई होती है

ऐसे मौक़े पर मत छूना भूल के अपने दामन को
इससे रोने वाले की हिम्मत अफ़ज़ाई होती है

उनके तग़ाफ़ुल[1] की मैं जब भी उनसे शिकायत करता हूं
कहते हैं "अपनों के लिए ही बेपरवाई होती है"

1. प्रेयसी द्वारा तवज्जो न देना

वाइज़[1] भी आराम-तलब हैं, क़ाइद[2] भी आराम तलब
राहबरी तो मुश्किल है हां राहनुमाई होती है

दरबारी माहौल में जीना मुश्किल है हम लोगों का
या तो दम घुट जाता है या तल्ख़नवाई होती है

जो महसूस किया कह बैठे सीधे सादे लफ़्ज़ों में
हम दीवाने क्या जानें क्या शय[3] दानाई[4] होती है

दिल का ख़ून क़लम से टपके तब तो है कुछ बात *हफ़ीज़*
यूं होने को कितनी ही ख़ामा-फ़रसाई होती है

♦ ♦ ♦

मिल गयी दौलते दो जहां मिल गयी
आज उसने मुझें, बावफ़ा कह दिया

1. धर्मउपदेशक
2. लीडर
3. चीज़
4. होशियारी

आबाद रहेंगे वीराने, शादाब[1] रहेंगी ज़ंजीरें
जब तक दीवाने ज़िन्दा हैं फूलेंगी फलेंगी ज़ंजीरें

आज़ादी का दरवाज़ा भी ख़ुद ही खोलेंगी ज़ंजीरें
टुकड़े-टुकड़े हो जाएंगी जब हद से बढ़ेंगी ज़ंजीरें

जब सबके लब सिल जांएगे हाथों से क़लम छिन जांएगे
बातिल[2] से लोहा लेने का ऐलान करेंगी ज़ंजीरें

अन्धों बहरों की नगरी में यूं कौन तवज्जो करता है
माहौल सुनेगा, देखेगा जिस वक़्त बजेंगी ज़ंजीरें

जो ज़ंजीरों से बाहर हैं, आज़ाद उन्हे भी मत समझो
जब हाथ कटेंगे ज़ालिम के उस वक़्त कटेंगी ज़ंजीरें

1. हरी भरी
2. झूठ

य' तौर भी हैं सय्यादी[1] के, य' ढंग भी हैं जल्लादी के
सिमटें, सुकड़ेंगी ज़ंजीरें, फैलेंगी, बढ़ेंगी ज़ंजीरें

मजबूरों को तरसाएंगी, यूं और हमें तड़पाएंगी
ज़ुल्फ़ों की याद दिलाएंगी जब लहराएंगी ज़ंजीरें

ज़ंजीरें तो हट जाएंगी, हां इनके निशां रह जाएंगे
मेरा क्या है ज़ालिम तुझको बदनाम करेंगी ज़ंजीरें

ले दे के *हफ़ीज़* इनसे ही थी उम्मीद-ए-वफ़ा दीवानों को
क्या होगा जब दीवानों से नाता तोड़ेंगी ज़ंजीरें

◆ ◆ ◆

जब ग़रज़ बावली हो तो क्या कीजिए
एक जल्लाद को देवता कह दिया

1. बंदी बनाने के

इस दीवाने दिल को देखो क्या शेवा अपनाए है
उसपर ही विश्वास करे है जिससे धोका खाए है

सारा कलेजा कट-कट कर जब अश्कों में बह जाए है
तब कोई फ़रहाद बने है, तब मजनूं कहलाए है

मैं जो तड़प के रोऊं हूं तो ज़ालिम यूं फ़रमाए है
इतना गहरा घाव कहां है, नाहक़ शोर मचाए है

इसको ही ज़ंजीर कहे हैं शायद य' दीवाने लोग
ज़िन्दां[1] के दरवाज़े पर य' ज़ुल्फ़ सी जो लहराए है

तुमने मुझको रंज दिया तो इसमें तुम्हारा दोष नहीं
फूल भी कांटा बन जाए है वक़्त बुरा जब आए है

1. क़ैदख़ाने

ऐसे निराले फ़रियादी की कैसे होगी दाद-रसी[1] ?
पहले तो फ़रियाद करे है, फिर आंसू पी जाए है

मैं भी फिरूं हूं मारा-मारा छोड़ के तेरे दामन को
पेड़ से जो पत्ता टूटे है, आवारा हो जाए है

पूछे है यां कौन मियां अरबाब-ए-इल्म-ओ-दानिश[2] को
जो चिल्लाकर बोले है वो महफ़िल पर छा जाए है

सिर्फ़ ज़बां की नक़्क़ाली से बात न बन पाएगी *हफ़ीज़*
दिल पर कारी चोट लगे तो 'मीर' का लहजा आए है

◆ ◆ ◆

ला मिरी सम्त बढ़ा जामे-मुहब्बत साक़ी
मैं न पूछूंगा क' अन्जामे-मुहब्बत क्या है

1. सुनवायी
2. ज्ञान और बुद्धि वालों को

रोना है कहां, हंसना है कहां, य' बात मिरा दिल जाने है
तन्हाई का मतलब समझे है, मफ़हूम[1]-ए-महफ़िल जाने है

गर अपने घाव दिखाओगे, सूली प' चढ़ाए जाओगे
इस शहर का मुंसिफ़[2] ऐसा है, बिसमिल[3] को जो क़ातिल जाने है

इन अहल-ए-इल्म-ओ-दानिश[4] के, नाक़िस[5] हैं सारे मंसूबे
इन्सां को बनाने वाला ही, इन्सां के मसाइल[6] जाने है

हम जीने से तो ऊब गए, मरने से मगर यूं डरते हैं
जो बोया है वो काटेंगे, क्या बोया है, दिल जाने है

ए ऐसे वैसे फ़नकारो, मानो क' बड़ा फ़नकार है वो
तशहीर[7] की काविश[8] को भी जो तख़लीक़[9] में शामिल जाने है

1. अर्थ
2. न्यायाधीश
3. पीड़ित
4. ज्ञान व बुद्धि वालों के
5. बेकार
6. समस्याएं
7. विज्ञापन
8. कोशिश, खोज
9. कृति

तबसरा[1] क्या करें अब अपने तरफ़दारों पर
हमको दरवाजों का धोका हुआ दीवारों पर

हाकिम-ए-शहर हुआ जान का दुश्मन यारो!
और तनक़ीद[2] करो हाशिया-बरदारों[3] पर

शिद्दत-ए-बरहमीये पीर-ए-मुग़ां[4] क्या कहिए
पारसाई[5] का भी इल्ज़ाम है मयख़्वारों[6] पर

जब किसी अहले-नज़र ने कहीं आंखें खोलीं
बिजलियां टूट पड़ीं वक़्त के अंधियारों पर

सिलसिला छेड़ दिया दस्त-दराज़ी[7] का *हफ़ीज़*
किसका साया पड़ा तहज़ीब[8] के मअमारों[9] पर

1. कमेंटरी
2. आलोचना
3. पिछलग्गुओं
4. शराबखाने के मालिक की नाराज़गी की तीव्रता
5. पवित्रता
6. शराबियों
7. मारपीट
8. संस्कृति
9. निर्माण करने वाला

अच्छी तरह ज़रा मुझे पहचान ज़िन्दगी
इन्सान हूं मैं हज़रत-ए-इन्सान ज़िन्दगी

मुझसे तिरे हिसार[1] में ठहरा न जाएगा
मैदान, मेरे वास्ते मैदान ज़िन्दगी

हमने लिखा है अपने शहीदों के ख़ून से
मक़तल[2] की दास्तान का उनवान[3] ज़िन्दगी

पहने हुए है रेशम-ओ-कमख़्वाब का कफ़न
यारान-ए-बेज़मीर[4] की बेजान ज़िन्दगी

मनमानियों का राज है सारे समाज में
जैसे हो कोई अहद न पैमान ज़िन्दगी

1. घेराबंदी
2. क़त्लगाह
3. शीर्षक
4. चरित्रहीन दोस्तों

बातिल के इक़त'दार प' चीं-बर-जबीं नहीं
हक़ के सिपाहियों की तन आसान ज़िंदगी

ग़ैरों से पूछती है तरीक़ा निजात[1] का
अपनों की साज़िशों से परेशान ज़िंदगी

वो ज़ख़्म हूं क' जिस प' बड़े एहतमाम[2] से
ख़ाली करे है अपने नमकदान ज़िन्दगी

कमज़र्फ मोहसिनों[3] का सताया हुआ हूं मैं
मुझ पर न कीजियो कोई एहसान ज़िन्दगी

मैंने बुरा किया जो तुझे बेवफ़ा कहा
अपने *हफ़ीज़* का न बुरा मान ज़िन्दगी

1. मुक्ति
2. सभ्य तरीके से
3. उपकार करने वालों

समझ रहा था क' महफ़ूज़[1] अपने घर में हूं
मगर य' घर ने बताया क' मैं भंवर में हूं

य' और बात मदावा[2] मुझे नसीब न हो
यही बहुत है क' फहरिस्त-ए-चारागर[3] में हूं

तुझे क़फ़स[4] से रिहाई दिला नहीं सकता
क' खुद असीर[5] मैं ज़िन्दान-ए-बाल-ओ-पर[6] में हूं

य' देखना है क' मैदां में आएंगे कितने
अभी पयाम[7] लिए गश्त-ए-दरबदर में हूं

गिरा दिया मुझे किसने हवस के क़दमों पर
य' कैसे भूल गया मैं तिरी नज़र में हूं

1. सुरक्षित
2. इलाज
3. चिकित्सक की सूची
4. क़ैदखाने
5. क़ैद
6. बाल और पर की क़ैद
7. पैग़ाम

मिरे शऊर ने रक्खा मुझे ग़ुरूर से दूर
मैं आसमां प' सही फिर भी रहगुज़र में हूं

झुलसते हाथ से फिर दोपहर उठा लेगी
शगुफ़ता हूं क' अभी दामन-ए-सहर में हूं

मैं वक़्त हूं मिरी तक़दीर में क़याम नहीं
हफ़ीज़ क़ब्ल-ए-अज़ल[1] ही से मैं सफ़र में हूं

◆ ◆ ◆

एक तरफ़ सरकार बुराई करती है मयनोशी की
एक तरफ खुलते जाते हैं सरकारी मयख़ाने और

क़ौम परस्ती नाम रखा है क़ौमी बेईमानी का
लेने के पैमाने और हैं देने के पैमाने और

1. प्राचीन समय से पहले

रूदाद-ए-ग़म-ए-पिनहां[1] क्या लिक्खी है चेहरे पर
सब मुझसे य' कहते हैं रातों को न जागा कर

गर तुझसे मैं टकराऊं, पल भर में बिखर जांऊ
मैं अपनी जगह शीशा, तू अपनी जगह पत्थर

'तकरार से क्या हासिल, मिलजुल के गुज़र कर लें'
कल रात य' कहता था रहज़न से मिरा रहबर

अय्यारी नहीं है य', फ़नकारी है फ़नकारी
अशआर[2] सुना थोड़े, तक़रीर ज़्यादा कर

तनक़ीद[3] से शायर की तक़दीर संवरती है
तारीफ़ के मतवाले! तनक़ीद गवारा कर

1. छिपी हुई ग़म की कहानी
2. शेर का बहुवचन
3. आलोचना

शुहरत की मशीनों ने नाम उसका उछाला है
मशहूर है जितना वो उतना नहीं क़द-आवर

गाहक की ज़रूरत को य' ख़ूब समझते हैं
अब चेहरे भी रखते हैं आईनों के सौदागर

ख़ुद अहल-ए-नज़र हैं य', तू शेर सुनाता जा
समझा न *हफ़ीज़* इनको अशआर के पसमंज़र

♦ ♦ ♦

हारा हूं तो दोस्त भी मेरे दुश्मन होते जाते हैं
अब मेरी तलवार ही मुझसे ख़ुद मेरा सर मांगे है
इनकी आली-ज़र्फ़ी[1] *का भी अंदाज़ा हो जाएगा*
मौलाना से एक शराबी ख़ाली साग़र[2] *मांगे है*

1. चरित्रवान
2. प्याला

ज़िन्दगी की बेपनाही का मदावा[1] क्या करे
चिलचिलाती धूप में जुल्फ़ों का साया क्या करे

कह दिया दुनिया से हम ने 'हम तो हक़ के साथ हैं'
देखना है अब हमारे साथ दुनिया क्या करे

हर सहारा बेअमल के वास्ते बेकार है
आंख ही खोले न जब कोई उजाला क्या करे

इससे पहले आदमी की इतनी बेक़द्री न थी
सोचती है आज दुनिया आदमी का क्या करे

थम गए आंसू जब उसने रख दिए आंखों प' हाथ
रास्ते ही बन्द हो जाएं तो दरिया क्या करे

1. इलाज

हुस्न के नज़दीक हम होते गए होते गए
कोई दामन ज़द में आ जाए तो शोला क्या करे

कुछ तो होगी रख-रखाव की भी आख़िर इन्तिहा!
ग़म अगर हद से ज़ियादा हो तो चेहरा क्या करे

रन्ज-ए-फुरक़त[1] है मुहब्बत का मुक़द्दर *'ए हफ़ीज़*
इसमें राधा क्या करे इसमें कन्हैया क्या करे

◆ ◆ ◆

हवस के रहमो-करम पर ख़ुदा ने छोड़ दिया
जब आदमी ने मुहब्बत से बेवफ़ाई की
सवाल के वो कभी मुन्तज़िर[2] नहीं होते
ज़बां समझते हैं जो लोग बेनवाई[3] की

1. जुदाई का ग़म
2. प्रतीक्षा करने वाले
3. ख़ामोशी, बेबसी

इसलिए अरमान क़ातिल के अभी निकले नहीं
मरने वाले मर गए चुपचाप कुछ तड़पे नहीं

जिसने जो चाहा उसे अपना बताकर ले लिया
जानते थे सब, किसी से हम कभी लड़ते नहीं

ख़ून थुकवा दें अगर मरने की जी में ठान लें
जितना तुम समझे हुए हो उतने हम बोदे नहीं

जबर था तारीख़[1] का या और कोई बात थी
मसअले उलझे कुछ ऐसे आज तक सुलझे नहीं

मुझको य' एहसास मैं इतना भी झुककर क्यों मिला
और हज़रत को य' गुस्सा हाथ क्यों चूमे नहीं

1. इतिहास

उसके बेटे की भी क्यों तारीफ़ उससे कीजिए
जाने अब उनके मरासिम[1] कैसे हैं कैसे नहीं

तबसरा[2] हम भी करेंगे तैरने वालों प' आज
गरचे पानी में कभी हम आज तक उतरे नहीं

फ़न से जो फ़नकार ख़ाली थे वो क्या पाते मक़ाम
यार लोगों ने उभारा तो मगर उभरे नहीं

इस अयादत[3] से तसल्ली भी हुई, तकलीफ़ भी
कुछ तरस खाकर मुझे देखा मगर बोले नहीं

आह य' बे-फैज़[4] अहल-ए-शान-औ शौकत[5] ए *हफ़ीज़*
ऐसे महलों की तरह हैं जिनमें दरवाज़े नहीं

1. संबंध
2. कमेंटरी
3. कुशलक्षेम
4. बेकार
5. ठाट-बाट

ज़ुल्म के बेकार सब हथियार हो जाएंगे आप
जिस घड़ी फ़रियाद से ललकार हो जांएगे आप

हर अदा के अनगिनत मफ़हूम गिनवाते हैं लोग
क्या ख़बर थी इस क़दर तहदार[1] हो जाएंगे आप

रोज़ तर्क-ए-जोर का एहसां जताया जाएगा
इस तरह भी दर-पए-आज़ार हो जाएंगे आप

कहने सुनने से ज़ियादा बात बढ़ जाएगी और
मुख़्तसर[2] य' है क' वो हमवार हो जाएंगे आप

अपनी अज़मत[3] के क़सीदे[4] ख़ुद सुनाएंगे अगर
हल्क़ा-ए-अहल-ए-नज़र में ख़्वार[5] हो जाएंगे आप

1. गहरे, परत के नीचे परत
2. संक्षिप्त
3. महानता
4. प्रशंसनीय कविता
5. बदनाम

एक सूनापन रहेगा आरज़ुओं[1] के बग़ैर
हज़रत-ए-दिल! शहर-ए-बेबाज़ार हो जांएगे आप

बारी-बारी जागना है ख़ौफ़ से शबख़ून के
हम तभी सोएंगे जब बेदार[2] हो जाएंगे आप

नाज़-बरदारी[3] न कीजे अहल-ए-दौलत की *हफ़ीज़*
रफ़्ता-रफ़्ता *हाशिया-बरदार* हो जांएगे आप

◆ ◆ ◆

वो भी हमको भूल चुके हैं हम भी उनको भूल चुके
यादें दस्तक देती हैं फिर दिल के दरवाज़े पर क्यों
मैंने तो पहले ही कहा था खील-खील हो जाऊंगा
पछताते हो प्यारे मेरे प्यार को अब ठुकरा कर क्यों

1. इच्छाओं
2. जाग जाना
3. नख़रे उठाना, चपलूसी

दिल फ़रोशों[1] के लिए कूचा-ओ-बाज़ार बने
और जांबाज़ों की ख़ातिर रसन-ओ-दार[2] बने

बस यही दौड़ है इस दौर के इन्सानों की
तेरी दीवार से ऊंची मिरी दीवार बने

छीनकर ग़ैर से अपनों ने मुझे क़त्ल किया
आप ही ढाल बने, आप ही तलवार बने

हो गए लोग अपाहिज[3] यही कहते कहते
अभी चलते हैं ज़रा राह तो हमवार बने

मुझको ममनून-ए-करम[4] करके वो फ़रमाते हैं
आदमी सोच समझकर ज़रा ख़ुद्दार बने

1. बेचने वालों
2. फांसी का तख्ता और फंदा
3. विकलांग
4. कृतज्ञ

खुद-शनासी[1] के न होने से यही होता है
जिनको फ़नकार न बनना था वो फ़नकार बने

तुझसे कितना है हमें प्यार कुछ अंदाज़ा कर
हम तिरे चाहने वालों के रवादार[2] बने

शान-ओ-शौकत[3] के लिए तू है परेशान *हफ़ीज़*
और मेरी य' तमन्ना तिरा किरदार बने

♦ ♦ ♦

कोसते हैं बेचारे गर्दिशे-ज़माना को
तरहादार लोगों को बस ग़मे-मरातिब[4] है
भूल को बजुर्गों की, भूल ही कहा जाए
साथ ही मगर उनका एहतराम[5] वाजिब[6] है

1. अपने आपको पहचान पाने
2. बर्दाश्त करने वाले
3. ठाट–बाट
4. मरतबे का ग़म
5. इज्ज़त
6. आवश्यक

गुदाज़-ए-दिल से मिला, सोज़िश-ए-जिगर से मिला
जो क़हक़हों में गंवाया था चश्म-ए-तर[1] से मिला

ताल्लुक़ात[2] के ए दिल हज़ार पहलू हैं
न जाने मुझसे वो किस नुक़्त-ए-नज़र[3] से मिला

कभी थकन का कभी फ़ासलों का रोना है
सफ़र का हौसला मुझको न हमसफ़र से मिला

मैं दूसरों के लिए बेक़रार फिरता हूं
अजीब दर्द मुझे मेरे चारागर[4] से मिला

हर इनक़लाब की तारीख़[5] य' बताती है
वो मंजिलों प' न पाया जो रहगुज़र से मिला

1. भीगी आंख
2. संबंधों
3. दृष्टिकोण
4. इलाज़ करने वाले
5. इतिहास

न मैंने सोज़ ही पाया न इस्तक़ामत[1] ही
हजर-हजर[2] को टटोला, शजर-शजर[3] से मिला

जुदा है सारे ज़माने से अपने फ़न का मिज़ाज
न कोहकन[4] से मिला ओ'र न शीशागर से मिला

हफ़ीज़ हो गया आख़िर अजल[5] से हम–आग़ोश
तमाम शब का सताया हुआ सहर से मिला

◆ ◆ ◆

आख़िर तू–तू मैं–मैं होगी
रूख़सत जब इक साया होगा
आज तो य' घर हम सबका है
कल य' तेरा मेरा होगा

1. स्थायित्व
2. पत्थर पत्थर
3. पेड़
4. पहाड़ तोड़ने वाला, फरहाद
5. मौत